OHSAMA BUNKO

心が「スーッ」と晴れる ほとけさまが伝えたかったこと

岡本一志

三笠書房

はじめに……どんな人も、幸せになるために生まれてきた
――悩みも迷いも、一つも無駄ではない

毎日を懸命に生きていると、いつのまにか、心にはさまざまな悩みが生まれてきます。

自分に自信が持てない。
大切な人と、心がすれ違う。
歳をとることが不安だ。
言葉にできない寂しさを感じるときがある。
もっと自分の人生に満足したいと感じる……。

そんな悩みを、ほとけさま――あのお釈迦さまも、私たちと同じようにお感じになっていたと知ったら、驚かれるでしょうか。

お釈迦さまがお生まれになったのは、今から2600年前のインドでした。王族という極めて高い身分に生まれながら、お釈迦さまは若くして、人生が苦悩に満ちたものであることにお気づきになりました。

そのため、自ら高い地位を捨てて、苦しみ悩む人々の中に飛び込んだのです。そして、35歳で悟りをひらかれ、**「どんな人も幸せになるために生まれてきたのだ、幸せになれるのだ」と説《と》いていかれたのが、お釈迦さま**です。

お釈迦さまは決して、俗世間から離れて、庶民の生活に沿《そ》わない難しいことを説くようなことはされませんでした。

また、伝説上の英雄のように、ミラクルパワーで奇跡を起こして人々を救うようなこともされませんでした。

ひたすら人々の悩みの声に耳を傾《かたむ》け、自らの悟られた真理を伝え、その悩みを解きほぐし、癒《いや》し、解決の道を示していかれました。

大きな苦悩の渦《うず》の中で苦しむ人もそのまま受け入れ、真正面から向き合うことで、その魂を救っていかれました。

だからこそ、その教えは私たちの心に深く寄り添ったものなのです。


人間が悩むことの本質は、長い時を経《へ》ても変わりません。


今を生きる私たちにも、さまざまな苦悩があります。

複雑な人間関係の中で、自分の気持ちが出せず、生きづらさを感じている人。

繰り返される毎日に追われ、虚《むな》しさを我慢しながら生きている人。

自分の気持ちや存在を周囲にわかってもらえず、孤独感に耐《た》えている人。

愛する人を失い、別れの悲しみの中にいる人。

育った環境や能力の違いに不条理を感じつつも、懸命に頑張っている人もあれば、さまざまな挫折《ざせつ》を味わって「自分なんて」と投げやりになってしまっている人もいるでしょう。

本書は、お釈迦さまとお弟子方や当時の人たちの多くのエピソードの中でも、とりわけ現代の私たちに深く響くものをまとめました。

どうしたら、悩みや苦しみが鎮《しず》まるのか。
どうしたら、より幸せになれるのか。
お釈迦さまは、とてもシンプルな答えを示しています。
迷いの靄《もや》がかかっていた心が、スーッと晴れていくはずです。

この本を通して、お釈迦さまの優しく温かい心が伝わり、人生の素晴らしさを一層深く知っていただけたらうれしく思います。

岡本一志

もくじ

1章 心が「スーッ」と晴れていくお話

2章　大切な人との「縁」を育てるお話

3章

「悩み・迷い」がシンプルになるお話

4章 人生を「ありのまま」に真っすぐ見つめるお話

5章 心深くにある「悲しみ」が癒されるお話

お釈迦さまの生涯

イラスト◎鹿又きょうこ

1章

心が「スーッ」と晴れていくお話

小さなタネが、あの大樹になるのです

うまくいかないと、「何をやってもダメ、こんなことをして何になるんだろう」とあきらめたくなることはないでしょうか。

でも、あなたのちょっとした行ないが、大きな結果につながることがあります。

ゴマ粒ほどのタネが、地にまかれてやがて大樹《たいじゅ》になるように、「こんなことぐらい」と思うタネまきが、大きな結果として実ることがあるのです。

ある日、お釈迦さまがお弟子を連れて、托鉢《たくはつ》のため、村を訪れていたときのことです。

托鉢とは乞食《こつじき》ともいいますが、僧侶が教えを説きながら、鉢を持って人々から着る物や食べ物などの施《ほどこ》しを受けることです。

お釈迦さまとお弟子たちは、托鉢によって人々から施しを受け、各地で教えを説いていました。

その村の貧しい農家の女性が、昼食のために用意した「麦こがし」をお釈迦さまに差し上げたいと思いました。「麦こがし」とは、大麦を煎《い》ってこがして粉にしたものです。

女性が鉢に麦こがしを差し上げたとき、お釈迦さまは弟子のアーナンダに

「この女性は、今の功徳《くどく》によって、やがて悟りをひらくでしょう」

と言われました。

すると、そばにいたその女性の夫が、それを聞いて腹を立てて食ってかかりました。

「取るに足らぬ布施《ふせ》で、どうしてそんな結果が得られるというのか。そんな出まかせを言って、おれの妻に麦こがしを出させようとするな」

するとお釈迦さまは、静かにその夫に言われました。

「そなたは世の中で、これは珍しいというものを見たことがありますか」

男は、珍しいものと聞かれたので、村に生えている多根樹《たこんじゅ》という大きな木を思い出しました。

「あの多根樹ほど不思議なものはない。一つの木の根元に、500両の馬車をつないでも、まだ余裕があるからな」

するとお釈迦さまは問われます。

「それほど大きな木だから、その木のタネはきっと、ひきうすぐらいの大きさはあるのだろうね。それとも飼い葉桶《おけ》ぐらいかな」

「タネは、そんなに大きなものではない。ケシ粒のほんの四分の一ぐらいだ」

「それほど小さなタネから、あれほど大きな木になるなんて、誰一人信じないだろうね」

この言葉に、男は大声で反論しました。

「誰一人信じなくたって、おれは信じている」

するとお釈迦さまは、穏《おだ》やかにうなずかれ、

「そうでしょう。

ケシの実よりも小さいタネが大樹になるように、『これぐらいのこと』と思う小さな善根《ぜんこん》でも、縁《えん》に助けられ、大きな結果として開くこともあるのですよ」

とおっしゃいました。

このお釈迦さまの当意即妙の説法に、自分の誤りを知らされた夫は、食ってかかった非礼を詫《わ》びて、夫婦そろってお釈迦さまの弟子になりました。

このお話にもあるように、私たちが「こんなことをやっても何にもならない」と思うようなことでも、さまざまな縁によって育てられ、大きな結果になることがあります。

たとえば、5分だけ部屋の掃除をしてみる。
いつもより少しだけ、早めに出社してみる。
ちょっとだけ元気にあいさつしてみる。
一言、「ありがとう」と感謝の言葉を添《そ》えてみる。

これらはごく些細《ささい》なことのように思いますが、数分でも掃除をするだけで気持ちが整理され、いつもと違うアイデアが生まれることもあります。
早めに出社してみると、静かな気持ちで仕事に臨《のぞ》め、普段会話しない同僚と交流が生まれ、そこから思ってもいなかったチャンスが回ってくることもあるでしょう。

ちょっと元気にあいさつしてみたり、忘れずに「ありがとう」と言ってみたりすると、相手も同じように返してくれて、心の距離がグーッと近づくかもしれません。

小さなタネまきが、思いがけない結果につながることはいくらでもあります。

見上げるような巨木も、もとはゴマ粒ほどのタネから生まれたように、私たちのちょっとした行ないから、想像もしていなかった素晴らしい花が開く可能性があるのです。

運命を創るのは、他の誰でもなくあなたです

苦しいとき、うまくいかないとき。

私たちは「きっとこうなる運命だったんだ、仕方がない」「こういう定めと思ってあきらめよう」と投げやりになってしまうもの。

あるいは、「運が悪かったんだ」「ツイてなかった」と運のせいにして、自分を納得させようとすることもあるでしょう。

しかしお釈迦さまは、「**私たちの運命は、あらかじめ決まっているものではなく、誰かが決めて与えたものでもない**」と説かれました。

自分の運命は、自分が創《つく》り出すもの。

一人ひとりの運命は、一人ひとりが創り出すものであることを、生涯説き続けていかれました。

あるとき、第六天魔王《だいろくてんまおう》と名乗る者が、大衆を集めて演説をしていました。この第六天魔王というのは、人々を迷わせて不幸に陥《おとしい》れる悪の親玉みたいな者でした。

「いいか、この世界はおれが創ったのだ。そしてお前たちのことも、おれが創ってやったのだ。だから、おれの言うことを聞けば福を恵《めぐ》んでやるが、おれに背《そむ》くことをすれば、罰《ばつ》を下してやるぞ」

第六天魔王がそう言うと、そこにいた人たちは、恐れおののいてひれ伏《ふ》しました。

それを聞いておられたお釈迦さまは、

「お前は、何というでたらめを言うのだ。この世の中は、誰の創ったものでもない」

と叱《しか》られると、

「では、釈迦よ、この世はなぜできたのか？」

と第六天魔王が問い返したので、お釈迦さまは次のように説かれました。

「この世界は、始まりのない始まりから、終わりのない終わりに向かって成住壊《じょうじゅうえ》空《くう》を繰り返しているのだ」

この「成住壊空」とは――

「成」は、ものが生まれること、「住」は、そのものがしばらく形をとどめること、「壊」はやがてそれが壊れること、「空」はやがて形のない状態になるということです。

たとえば、1台の車を例に考えてみましょう。

成……工場で車ができる

住……車の形をとどめる
壊……車が壊れる
空……バラバラに分解されて車ではなくなる
　ということです。

　成住壊空を繰り返すということは、バラバラになった部品が、また違うものを形作り（成）↓しばらくその姿をとどめ（住）↓壊れ（壊）↓バラバラになってしまう（空）ということです。

　これは、この世に存在するすべてのものにいえることです。

　お釈迦さまは、この「成住壊空」をあげて、

「一つのものが壊れても、それがまた別のものの一部になる。これが無限に繰り返されているのが、この宇宙なのだよ。」

　だから、この世界は、誰かが創ったものではないのだ。

同じように、運命を誰かが決めて与えたということもない。**他の何かが私たちの幸せ、不幸せを決めているということもないのだよ**」と第六天魔王と、そこにいた民衆に説かれました。

またお釈迦さまは、**運命はその人の努力にかかわらずあらかじめ決まっているとする考えを「宿作外道《しゅくさげどう》」といい、それは間違いであると**言われました。

「宿作」とは、運命はあらかじめすべて決まっているという考えのことです。

「外道」とは、道理に外《はず》れた人々を不幸にする教えということです。

もし、自分の運命が最初からすべて決まっていて、どう頑張ってもそれを変えることができないとしたら、よりよく生きよう、努力しようという気にはなれませんね。

無気力でやる気のない人間になってしまうでしょう。

このようにお釈迦さまは、「**人の運命は、決してあらかじめ決まっているものではない**」と説いていかれました。

これは、お釈迦さまがそのご生涯を通して、人々に伝えようとされ続けた大切なことでした。

では、私たちの幸せ不幸せを生み出すものは、一体何なのでしょうか。お釈迦さまのさまざまなエピソードを通してお話ししていきたいと思います。

その人の価値を決めるもの、幸せ不幸せを決めるもの

私たちは、相手を判断するとき、その人がどんな会社に勤《つと》めているか、どんな学校を出たか、どんな役職についているかといったことに注目して、その人自身を正しく見られていないことがあります。

そうした〝見た目〟に惑《まど》わされると、その人の本当の素晴らしさに気がつかなくなるものです。

お釈迦さまは、

「その人の生まれや環境に、その人の値《あたい》があるのではない。その人の値は、その人の言動によって決まるのだ」

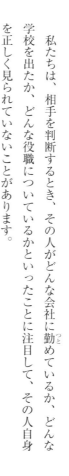

ということを、徹底して教えていかれた方でした。

お釈迦さまの生まれた時代は、今から２６００年前のインドです。
当時のインドには、バラモン教という宗教のもとに、カーストという厳しい身分制度と差別がありました。

その身分制度の最上位は、「バラモン」といわれるバラモン教の司祭階級の人々で、その次に「クシャトリア」といわれる貴族や武士、次に「ヴァイシャ」といわれる農業や商業をいとなむ市民、そのさらに下が「シュードラ」といわれる、人の嫌がる仕事にしかつけない人たちでした。

さらに、このカーストにも入らない不可触民《ふかしょくみん》といわれる階級があり、触《ふ》れると汚《けが》れるとされ、彼らは他の身分の人に近づくことも見ることも、同じ井戸の水を飲むことも許されていませんでした。

このような厳しい身分差別の中、お釈迦さまは、人はカーストによって貴賤《きせん》が決まるのではなく、その人の行ないによって決まるのだと説いていかれたのです。

このことは当時のインドの人々にとって、誰もが信じていた常識を覆《くつがえ》す、目からウロコの驚きだったに違いありません。

こんなお話が残っています。


ある村に、二人の若いバラモンがいました。

この二人は、自分がバラモンの生まれであることを誇りに思っていました。

あるとき、バラモンが他の階級の者よりも優れていることを確認したいと思って、お釈迦さまに次のように尋ねたのでした。


「お釈迦さま、バラモンはなぜ、他の階級よりも優《すぐ》れているのでしょうか？」

するとお釈迦さまは、二人にこう問い返されました。

「お前たち。バラモンや王族、貴族の中にも、人の物を盗み、罪なき人に危害を加える者がいるのではないですか」

「はい、確かにそのような者がおります」

「また逆に、ヴァイシャやシュードラの中にも、嘘《うそ》をつかず家族を大事にし、苦しんでいる人を慈《いつく》しむ者もいるでしょう」

「はい、そのような者もあると思います」

「では、悪行を重ねるバラモンと、善行に努《つと》めるシュードラと、どちらが立派だと思いますか？」

「はい、悪行を重ねるバラモンよりは、善行に努めるシュードラのほうが立派です——」

「そうでしょう。バラモンであっても、行ないの悪い者は、尊《とうと》ぶに値しない者なのですよ。バラモンでなくても、バラモンよりも立派な行ないをしている者もいます。**生まれた階級に関係なく、行ないが素晴らしければ、その人は素晴らしい**のです」


二人の青年は、自分の生まればかりを誇り、自分の行ないを磨こうとしていなかったことを反省して、その場でお釈迦さまのお弟子になったといわれます。

現代の日本には、カーストのような身分制度はありません。

しかし、肩書きや社会的地位、生まれ育ち、出身地、学歴、会社名、外見などを見て、色眼鏡で人を判断してしまっていることはよくあることです。

わかりやすい〝肩書き〟にとらわれて、その人が日々どんなことをしているのかに目を向けられていないこともあるのではないでしょうか。

あるいは、自分の肩書きや恵まれた

環境を誇って、自分の行ないを顧《かえり》みていないこともあるかもしれません。

心にかけた色眼鏡を外しましょう。

「**人を見るなら、その行動を見よ**」と、お釈迦さまは、他者や自分自身を正しく見つめることの大切さを教えられています。

あなたの心を縛っているものは何ですか

私たちは、これまでの習慣や、周囲から与えられた常識に知らず知らずのうちに囚《とら》われて、自由に行動できなくなっていることがあります。

場合によっては、「自分にはどうせ無理だ」「仕方がない」とあきらめて、現状を受け入れてしまっていることもあるかもしれません。

しかし、**勇気を出して一歩を踏み出せば、自分を縛《しば》っていた思い込みや習慣から抜け出せ、自由になれる**のです。

お釈迦さまやそのお弟子たちは、差別で苦しむ人たちの中に飛び込んで、どんな人も、心がけと行ない次第で幸せになれることを説いていかれました。

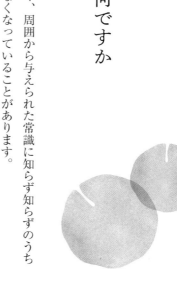

しかし一方で、王族や貴族の出身が多かったお釈迦さまやお弟子方に、とても自分なんかが近づくことはできないと思っていた人も多くあったと思います。

そうした人々には、説法をされるだけでなく、間違った習慣や因習から勇気を出して抜け出すことを後押ししていかれました。


お釈迦さまの弟子アーナンダは、王族の出身でした。また美男子でやさしかったので、多くの女性から思いを寄せられ、そのためにお釈迦さまの存命中は悟りをひらくことができなかったといわれます。

そんなアーナンダが暑い日に、池のほとりで水汲《く》みをしている娘を見かけ、

「すみませんが、とても喉《のど》が渇《かわ》いているので、水を布施してくださいませんか」

と、娘に鉢を差し出しました。

すると娘は、恥ずかしそうにうつむいて答えました。

「私は身分の卑《いや》しい女です。とてもあなた様に水を差し上げることなど……」

この娘は、カーストの中にも入らない不可触民とされ、他の身分の者との会話

や目を合わせることはおろか、井戸の水を飲むことさえ許されていません。アーナンダと話しているところを誰かに見られるだけでも、どんな迫害《はくがい》を受けるかわからないのに、自分たちが飲む水を布施するなど、娘にとっては考えるだけで恐れ多いことでした。

アーナンダは、戸惑う娘の手を握《にぎ》り、

「我が師は、人は生まれながらに貴賤は決まっていないと説かれます。あなたが私に水を布施することで、あなたはカーストという囚われから自由になれるでしょう。そして、あなたの行ないに多くの人が勇気づけられるでしょう。**あなた自身が自由になるためにも、さあ勇気を出して、私に水を布施してください ませんか**」

と励ましました。

……この差別から自由になれる。

娘の心は揺《ゆ》れました。不条理な差別は生まれながらのもので、どうしようもないことだとあきらめて生きてきましたが、自分の行ない一つで、そこから抜け出せるというのです。

コクリとうなずいた娘は、水がめの水の上澄《うわず》みを丁寧にひしゃくで掬《すく》い、アーナンダの鉢に注ぎ込みました。

アーナンダは合掌《がっしょう》して押しいただき、その水をおいしそうに飲み干しました。

娘はこの瞬間、カーストという差別を自分で否定することができたのです。

私たちも、自分に自信を持つことができず、「私なんかとても」「どうせ自分なんか」と自分を過小評価して一歩を踏み出せないことはないでしょうか。

しかし、「どうせ自分なんか」と思うのは、これまでの習慣による思い込みです。

実は、どんな人も、このとき、この場で、変わることができるのです。

勇気を出して一歩踏み出せたとき、あなたを縛っていた思い込みから自由になれるのです。

「頑張ること」にこだわらない

頑張りすぎると、くたびれてしまうもの。

まじめな人ほど、「完璧にやろう」と気を張り詰めて疲れてしまい、その結果、やろうと思ったことを実現しきれずにつらくなることがあります。

また頑張りすぎると、「頑張ったこと」そのものに対して執着が生まれ、思うように結果が出なかったり、期待したほど認められなかったりすると「**こんなに頑張ったのに**」と、後悔や怒りの心が出てきます。

お釈迦さまのお弟子の中にも、まじめで修行を頑張りすぎて、疲れてしまったお弟子がいました。

ソーナというお弟子は、もともと裕福な家の生まれで、何不自由のない生活を送っていましたが、幼少の頃にお釈迦さまの説法を聞き深い感銘《かんめい》を受けて、出家して弟子となりました。

弟子となってからのソーナは、悟りをひらくためにどのような厳しい修行も進んで行ない、「弟子の中でも、ソーナほど努力精進する弟子はない。ソーナこそ精進第一だ」とお釈迦さまから褒《ほ》められるほどの頑張りぶりでした。

しかし、いくら修行に励んでも、ソーナの求める悟りは得られませんでした。

悩み苦しんだ末、ソーナは考えました。

私は、お釈迦さまから精進第一と言われるまで努力を重ねてきたが、いまだ悟りを得ることができない。ひょっとしたら、私には、そもそも無理な道ではないだろうか。

いっそ修行をやめて、家に帰ったほうがよいのではないだろうか。

ソーナの悩みを察知なされたお釈迦さまは、彼を呼び寄せました。

「ソーナよ、お前は家にいたとき、琴《こと》を習ったことがありますか」

「はい、習いました」

「琴を弾《ひ》くとき、琴の弦《げん》を強く張れば、よい音が出ましたか」

「いいえ、弦をあまり強く張りすぎては、よい音は出ないものでございます」

「それでは、弦をゆるめたほうが、よい音が出ましたか」

「いいえ、弦をゆるめすぎても、やはりよい音はいたしません」

「琴を弾くときでも、弦をゆるめすぎず張りすぎず、ほどよく調子を整えれば、よい音が出たのではないですか」

「はい、その通りでございます」

「ソーナよ、修行も琴と同じです。


努力が過ぎても、『こんなに努力したのに』と、そこに執着が生まれます。

逆にゆるめすぎると今度は、怠《なま》け心が生じてしまうものなのですよ」


お釈迦さまはさらに続けられました。

「悟りの道を求める場合も、努力することにこだわりすぎず、かといって、怠けず、琴の弦のように緩急《かんきゅう》のよろしきを得ることこそ大切なのですよ。『中道《ちゅうどう》』を行きなさい」

この「中道」とは、極端でなく、偏《かたよ》っていないあり方のことです。

ソーナはおのれの誤りに気がつき、よろこんでお釈迦さまを礼拝して、また静かな林の中に戻って修行を続け、ついに悟りを得ることができたといわれます。

私たちも、あまりに努力にこだわりすぎて、「努力すること」「頑張ること」が目的になってしまっていることがあります。

一生懸命やっているのに空回りしているな、頑張ってきたけれど、なんだか疲れてきたというときは、「頑張らなければならない」とこだわりすぎていないか振り返ってみましょう。

自分は頑張ることにこだわっていた、本当は自分はどうしたかったのだろうか、何を得たかったのだろうか……と振り返ると、自然と肩の力を抜いて取り組めるものです。

琴の弦のように張りすぎず、ゆるめすぎず、「**ほどほど**」のちょうどいいバランスが何事にも大事ですね。

今すぐ、この場でできる「七つの善行」

お釈迦さまの教えに感銘を受け、その活動を支援していた、スダッタ長者という富豪がいました。この長者の息子の妻は玉耶《ぎょくや》といい、世にもまれな美しい姫でした。

しかしこの玉耶姫、あまりの美貌にうぬぼれて一切働かず、好きなときに起き、日中はお化粧と買い物と、わがまま勝手な生活をしていました。

スダッタ長者は困り果て、お釈迦さまにおすがりすると、お釈迦さまは「わかりました。明後日、伺いましょう」とおっしゃいました。

スダッタ長者は、使用人を集めて、言いました。

「明後日、お釈迦さまとお弟子たちがこの屋敷にいらっしゃる。その準備をしてくれ。ただし、玉耶にだけは悟られないように」

使用人たちは、気づかれないようにお釈迦さまたちのお出迎えの準備をしたのですが、何かあると感じ取った玉耶は、新米の使用人に尋ねたのです。

「さっきから忙しそうね。私もお父様から手伝うように言われたわ。いらっしゃるお客様は、確かえーっと……」

「はい、なんでも明日、お釈迦さまという方がいらっしゃるそうで」

玉耶はピンときました。

「お釈迦さまがいらっしゃる？　そんなの聞いていないわ。きっと私のことが手にあまって、説教でも聞かせるつもりね。……よし、明日は自分の部屋から一歩も出るもんか。私が出てこなければ、お釈迦さまの手前さぞかし困るでしょうね」

と、部屋に引きこもってしまいました。

翌日、お釈迦さまをお迎えするために、屋敷の者は朝から大忙しでした。

その中で長者だけが、ハラハラしながら玉耶の行方を探していました。

「玉耶よ、いるのか、出てこないか」と部屋の扉を叩《たた》きますが、返事がありません。

困り果てているところへ、お釈迦さま御一行が到着されました。

「まことに申し訳ございません。実は、玉耶が部屋から出てこないのです」

長者が事情をお釈迦さまに申し上げると、

「わかった。私に任せなさい」

とおっしゃって、お釈迦さまは神通力で、長者の屋敷を透《す》き通るガラスの家に変えてしまわれたのです。

部屋の押し入れの中に隠れていた玉耶は、あたりが急に明るくなったのに気がつき、顔を上げて驚きました。なんと、壁という壁、一切が透けて、家中の様子がありありと見えるではありませんか。隠れている自分の姿もまる見えで、屋敷の者たちは、不思議そうに自分を見つめています。

これでは、へそを曲げて閉じこもっていることが丸わかりです。恥ずかしさのあまり、部屋を飛び出し、お釈迦さまの前にひざまずきました。

「お釈迦さま、ひどいんです。お父様ったら意地悪して、私にお釈迦さまがいらっしゃることを教えてくださらなかったんです」

そんな玉耶に、お釈迦さまはこう諭《さと》されました。

「玉耶よ。どれほど顔や姿が美しくとも、心の汚れている者は醜《みにく》いのですよ。それよりも心の美しい者になって、誰からも慕《した》われることこそが、大切とは思わぬか」

「心が美しい人になる……」

玉耶は、初めて自分自身の心に目が向きました。

これまでの自分の悪態《あくたい》の限りが知らされ、このままではいけないと思いながらも、認めることも改めることもできずに、自分の殻《から》に閉じこもっていたことが知らされました。

お釈迦さまの前に立つと、そんな自分の心のすべてを最初からご存じだったように思え、固く閉ざしていた心がひとりでに開き、不思議と素直な気持ちになりました。


「玉耶よ、すべては、お前の日々の心がけ次第なのです」

「私に何ができるのでしょうか」

「まず、家族や使用人に、常に微笑《ほほえ》みをたたえた笑顔で接しなさい。

優しいまなざしで向き合いなさい。

そして、ねぎらいと感謝の言葉を忘れずに伝えなさい。

これならできるだろう」


優しい微笑みやまなざし、これらは「**無財《むざい》の七施《しちせ》**」といわれます。

お金や物、人より秀《ひい》でた才能や能力がなくても、思いやりの心さえあれば、誰にでもできる七つの施しです。

和顔施《わげんせ》……微笑みで接すること
眼施《げんせ》……優しいまなざしを施すこと
言辞施《ごんじせ》……優しい言葉やねぎらいの言葉を伝えること
身施《しんせ》……人の荷物を持ったり、手伝ったり、身体を使って相手を助けること
心施《しんせ》……形だけでなく、思いやりの心を込めて接すること
床座施《しょうざせ》……場所や順番を「お先にどうぞ」と譲《ゆず》ること
房舎施《ぼうしゃせ》……困っている人に自分の家を宿として提供すること

笑顔をたたえ、優しいまなざしで、分け隔《へだ》てなく人に接しなさい。
常にねぎらいと感謝の言葉を心がけなさい。
自ら進んで、人を助けなさい。
人と意見がぶつかったら、なるべく譲ってあげなさい。

お釈迦さまはこれらのことを、玉耶に丁寧に説かれたのでした。

美しい姿はやがて衰《おとろ》える。

けれど、心の美しさは衰えることなく、自分も周囲もいつまでも幸せにする。

このお釈迦さまの教えに目を開かされた玉耶は、皆から好かれる存在になりたいと願い、教えを素直に実践したといわれます。

桜を咲かせる春のような「縁」に私たちも囲まれています

私たちは縁次第で、よくも悪くも変わってしまいますが、よい縁、悪い縁とは一体何でしょうか。そのことを少しかみ砕《くだ》いてみたいと思います。

私たちは、日々、さまざまな行ないをしています。

心の中でさまざまなことを思ったり、口や体でしゃべったりやったりしたことがタネとなり、その人自身に幸せや不幸せとなって現われています。

このことをお釈迦さまは、

「善因善果《ぜんいんぜんか》　悪因悪果《あくいんあっか》　自因自果《じいんじか》」

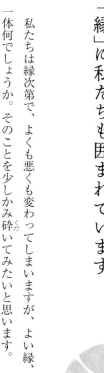

と教えられました。

よい行ないから、幸せという結果が現われる。
悪い行ないからは、苦しみという結果が現われる。
自分の行ないの結果は、すべて自分が刈《か》り取らねばならないということです。

あくまで、善果は善い行ないから、悪果は悪い行ないから生じるのですが、私たちは環境や状況次第で、よいタネをまくこともあれば悪いタネをまくこともあります。

たとえば、最初は勉強に関心がなかった人も、周りが皆まじめに勉強していると、その影響を受けて、少しずつでも勉強するようになるでしょう。その結果、本人の成績が上がり、勉強に関心を持つようになれば、自然に自ら努力するようになります。

スポーツでも、一流の選手を目指す人は、全国からトップクラスの選手が集まる学校に入って練習します。強い志《こころざし》を持った仲間の中に身を置けば、一人で練習する以上の努力ができるからです。

逆に、悪いことばかりしている人の中にいると、自分にはその気がなくても、「まあこれぐらいいいいだろう」という気持ちになって、同じように自ら悪事を働くようになるかもしれません。

ですから、**よい縁とは、よいタネをまきやすい環境や状況、悪い縁とは、悪いタネをまいてしまいやすい環境や状況**と考えて間違いありません。

また、努力や頑張りが結果に結びつきやすい縁もあれば、そうでない縁もあるでしょう。

長年、努力やタネまきを続けても、なかなか結果にならないときは、タネが消えてなくなったのではありません。

桜も春にならないと花を咲かせないように、まだ、縁がそろわず結果となって現われていないだけなのです。

悪いタネまきも同じです。

悪いタネをまいたのに、悪い結果がまだ現われていないのは、単に縁がそろっていないだけです。やがて縁がそろったとき、その人のタネまきに応じた結果が現われます。

ですから、縁というのはとても大切です。

しかし、間違えてならないことは、どんなよい縁であっても、自分がタネをまかなければ、結果は現われません。

また、どんなに厳しい状況であっても、その人の心がけ次第でよいタネをまくことはできるのです。

素晴らしい先生や上司に恵まれても、本人が努力しなければ、成績が上がることも仕事を評価されることもないでしょう。

逆に、ちゃんと教えてくれる先生や上司がいなくても、一人でコツコツ努力すれば、それに応じた結果は現われます。

よい環境に恵まれるのはとても幸せなことですが、そこに甘んじてタネをまかずにいれば、結局、何も実りは得られません。

ですから、縁も大切ですが、自分がどんなタネまきをしているかがもっと大事なのです。

よい縁を求め、よいタネまきに心がけていけば、必ずあなたの上に善果が訪れます。

2章

大切な人との「縁」を育てるお話

「よい友を持つ」ことは、悟りそのもの

私たちの心は、どのような人と付き合うか、どのような環境に身を置くかに大きく影響を受けます。ですから、自分にとってよりよい環境や、よりよい友を選んでいくことは、とても大切です。

私たちは、一人でいる寂しさをまぎらわすために、気の合わない人とも群《む》れたり、話を合わせたりすることがあります。行きたくなくても誘われると断れず、結局、無駄に時間をつぶしてしまうこともあるでしょう。

一人になるのが怖いから、誰かを悪者にして、その人の悪口を話すことで連帯しようとすることもあるかもしれません。

私の知り合いで過去に、つるんだ仲間と学校を休んだり、万引きをしたりといった非行に走ってしまった経験のある方が、

「不良仲間と非行に走るのが楽しいと思ったことなんかなかった。ただ、どこにも居場所がなかったから、一人になりたくなかっただけだった。きっと他のみんなもそうだったんだと思う」

と言っていました。

私たちの心は弱いので、寂しいと誰かと一緒にいたいと思いますが、お釈迦さまは、

「愚《おろ》かな者を友とするよりは、一人で道を進みなさい」

と教えられています。

自分にとってよくない環境に身を置いたり、ふさわしくない人と付き合って寂しさをまぎらわせたりするよりも、寂しさに向き合って一人でいるほうがずっと優れているということです。

弟子のアーナンダがお釈迦さまに、

「よき友、よき仲間、よき人々に囲まれているということは、悟りの道が半《なか》ば完成したと思っていいでしょうか」

と尋ねたとき、

「よき友を持つことは、悟りの道のすべてである」

とおっしゃられています。


自分の欠点を補《おぎな》ってくれ、成長させてくれるような存在に恵まれることは、とても幸せなことです。一緒に過ごすうちに、自然に相手のいいところから学び、自分の改めるべきところを気づかせてくれるからです。

お互いによい影響を与え合える仲間こそが、人生の最も大事な宝といえるでしょう。

とかく、私たちはラクなほうに流され、ラクなものを選びがちです。人間の心は弱いということは、よい環境にもよくない環境にも染まりやすいということです。

自分の意見に反対する人よりも、自分の意見に賛同してくれる人を求めがちです。

自分の欠点を言ってくれる人よりも、自分を褒めてくれる人を求めがちです。

お互い向上しようと励まし合うよりも、誰かのアラさがしをして、優越感に浸《ひた》っていたくなるものです。

そういう私たちだからこそ、お互いによい影響を与え合うよい友、よい仲間を求めなさいと、お釈迦さまは教えていかれました。

弟子たちのよいところを見出していかれたお釈迦さま

お釈迦さまのもとには、たくさんの弟子がいました。

頭のよい弟子や、規律をとてもよく守る弟子、厳しい修行を誰よりも実践する弟子や、説法をさせたら誰にも負けない弟子、わかりやすく教えを説くことができる弟子などがおり、それぞれが得意なところを発揮して、お釈迦さまの教えを学び、伝えていました。

その中でも、特に優れた弟子を十大弟子といいます。

簡単にどのような人たちか紹介しましょう。

サーリプッタ　智慧《ちえ》に優れ、「智慧第一」とたたえられました。

モッガラーナ 神通力に優れ、「神通力第一」とたたえられました。

マハーカッサパ 頭陀行《ずだぎょう》（衣食住に対する欲望を払いのける修行）に優れ、「頭陀第一」とたたえられ、お釈迦さまの死後、教えをお経にまとめる責任者となりました。

スブーティ 空《くう》の教えを深く理解したので、「解空《げくう》第一」といわれ、また大変温厚な性格だったので「無諍《むじょう》第一（争わないことにおいて第一）」ともいわれました。

プンナ 説法がとても素晴らしかったので、「説法第一」とたたえられました。

カッチャーナ 哲学的な議論においても誰にも負けなかったので、「論議《ろんぎ》第一」といわれました。

アヌルダ　盲目の弟子で、失明したときに心の眼が開けたので、「天眼《てんげん》第一」とたたえられました。

ウパリ　戒律をよく理解して、それを守ることに優れていたので、「持律《じりつ》第一」とたたえられました。

ラーフラ　お釈迦さまの息子で、当初はいたずらばかりしていましたが改心し、細かいことをおろそかにせず厳密に修行に取り組んだので、「密行《みつぎょう》第一」といわれました。

アーナンダ　お釈迦さまのいとこで、お釈迦さまがお年を召された後は、常に身の回りのお世話をしました。記憶力に優れ「多聞《たもん》第一」といわれ、お釈迦さまが亡くなった後は、アーナンダの記憶をもとに経典の編纂《へんさん》が行なわれました。

これらの方は、お弟子の中でも代表的な方々でしたが、他にもさまざまなお釈迦さまに「第一」とたたえられた弟子がいたといわれます。

「努力や一生懸命さでは誰にも負けない精進第一」
「素直な心で、よい質問をすることにおいて第一」
「機転が利《き》く点においては第一」
「立ち居振る舞いが立派なことにおいて第一」
「病気をしないことにおいて第一」
「僧侶たちの寝床を準備する第一」

「いただいた食べ物を不満が出ないように分ける第一」

……とお釈迦さまから褒められた弟子もあったそうです。

お釈迦さまは、弟子の一人ひとりの個性や、頑張っているところを見つけ、それぞれに第一と評価していかれたことがこのことからもわかります。

弟子たちにとってこのことは、どれだけ励みになったことでしょうか。

十人十色というように、人はそれぞれ違った個性を持っています。

その人の性格や、得意なこと、不得意なことはそれぞれ違います。似ている人はあっても、まったく同じ人はいないでしょう。

お釈迦さまはお弟子たちを、**本来の色と違う色に変えようとはせず、みんな同じ色にしようともせず、それぞれの個性を発揮させ、それぞれの色で光り輝くように導いていかれた**ことがわかります。

「阿弥陀経《あみだきょう》」というお経の中に、こんな一説があります。

「青き色には青き光　黄なる色には黄なる光
赤き色には赤き光あり　白き色には白き光ありて微妙香潔《みみょうこうけつ》なり」

――青、黄、赤、白、それぞれがそれぞれの色で光を放ち、その香りは大変素晴らしいということです。

人はそれぞれの個性があります。

その個性に優劣をつけるのではなく、その個性のよいところを伸ばして発揮させていかれたのが、お釈迦さまだと知らされますね。

ともに歩める人との出会いほど、素晴らしいものはありません

どんな友を持つかによって、私たちの人生は大きく左右されます。

お釈迦さまの弟子の中でも、サーリプッタとモッガラーナはとりわけ素晴らしい友人同士として知られています。この二人はお弟子の中でも、お釈迦さまの布教を特に支えた二大弟子で、さまざまな活躍をしました。この二人が、どのようにしてお釈迦さまと出会ったのかを紹介したいと思います。

マガダ国のナーランダという村に、サーリプッタという青年がいました。

サーリプッタは、隣にあるコーリタ村のモッガラーナという青年と幼馴染《おさななじみ》で、大の仲良しでした。二人は大変聡明《そうめい》で、会うといつも、

「私たちは何のために生まれてきたのだろう。この世に究極の真理はあるのだろうか?」

ということを議論していました。

二人が村の祭りに出かけたときのことです。

夕闇とともに、村の真ん中に組まれたマキにつけられた炎《ほのお》が、あかあかとあたりを照らし、たくさんの男女がその炎を囲んで踊っていました。

それを少し遠巻きに見ながら、サーリプッタは言いました。

「一体、何が楽しいのだろうか……僕にはわからない」

モッガラーナも同感だと言います。

「今、僕も同じことを思っていたのだよ。人は年老《お》い、やがて死んでいかねばならない。それが確実な未来だ。そのことを思うと、どうしてあんなに我を忘れることができるのだろうか」

「どこかに、老いや死を超えた真理はないだろうか」

「村にあるさまざまな本を読んだけれど、納得いくものはどこにもなかったよ」

「そうか、実は僕もそうなんだ。親に聞いても、そんなことは考えなくていい。お前は家のことだけ考えろと言われるだけなんだ」

しばらく沈黙が続いた後、

「どうだろう、一緒に村を出て、まことの真実を求めないか」

サーリプッタとモッガラーナは同時に声をそろえて言っていました。

お互いの気持ちを確認した二人は、早速、家に帰って、出家の志を家族に伝えました。当然ながら家族は大反対ですが、二人の固い意志はテコでも動かず、とうとう認めざるをえなかったのです。


サーリプッタとモッガラーナの二人は、村を出て初めに、サンジャヤという師の弟子になりました。

サンジャヤの説く教えは、二人の知的な欲求を満たしてはくれましたが、数回の講義を聞くと、すべて理解してしまい、物足りなく感じました。

なぜなら、二人の一番知りたい「老いや病や死を超えた本当の心の平安はあるのか」という問いには、「あるとも言えるし、ないとも言える」という空気をつかむような、とらえどころがない答えが返ってくるだけだったからです。

「ここにいても、私たちの求める真実を知ることはできない。本当の師を探し求めよう。そして、**どちらかが、本当の先生を見つけたら、お互いに知らせ合おう**」

二人はそう固く約束しました。

サーリプッタとモッガラーナが親友でなければ、二人して村を出て、真実を求めることはなかったかもしれません。もちろん、この二人がのちにお釈迦さまにたどり着くこともなかったかもしれません。次の項でお話ししますが、**二人がお釈迦さまと出会わなければ、お釈迦さまの布教の大発展はなかったでしょう。**

お釈迦さまが、悪人を友とするな、よき人を友にせよと教えられたように、私たちも志を共有し、互いによい方向に導き合う友を大事にしていきたいですね。

相手を敬う気持ちが、幸せを深くする

村を出たサーリプッタが、ラージャグリハ（王舎城《おうしゃじょう》）という町を訪れたとき、一人の僧侶が托鉢をしているのを見かけました。

その僧侶は、わずかな布施であっても合掌して大切に受け取り、施した人の善行をたたえていました。その立ち居振る舞いはとても丁寧で、見ているだけで心が清らかになっていきました。

サーリプッタは、この人は只者《ただもの》ではないと感じ、托鉢の行が終わるのを待ってから、声をかけたのです。

「あなたの立ち居振る舞いを見せていただき、体中から尊《とうと》さが溢《あふ》れ出ているのを感じました。あなたはご自分で、その徳を身に備えられたのでしょうか」

「私のような未熟者が、そのように尊んでいただけるのは、すべて我が師のおかげです」

「では、その先生のお名前は」

「私の師は、釈迦、みな尊んで世尊《せそん》とお呼びしております。釈迦族の王子として生まれながら、老病死を超える真理を求め、一切の地位を捨てて、出家されました。そして、究極の悟りをひらき、ブッダとなられ、今、人々を救うために法を説いておられます」

「その方の教えは、どのような教えですか？」

食い入るように尋ねたサーリプッタに、その僧は答えました。

「私はまだ、お釈迦さまの教えを学んで日が浅く、すべてを理解しているわけではありませんが、お釈迦さまは、この世のすべての出来事は因と縁が結びついて生じたものだと説かれます。これを因縁果《いんねんか》の法と申します。

どんな結果にも必ず原因があります。原因なしに起きる結果はありません。まいたタネは生えますが、まかぬタネは生えないように、どんな結果にも原因、タネがあります。

しかし、タネだけでは、果実はなりません。タネだけあっても、土や、水、光がなければ、タネが芽を出し、花を咲かせ果実をつけることはありません。土や水、光のように、タネが結果になるのを助ける働きを縁というのです。

世尊は、苦しみの原因を解き明かし、その原因を滅ぼし、まことの幸福へと至る道を明らかになされています」

僧侶の言葉はよどみなく、一言一言に確信と自信が溢れていました。

サーリプッタは、

「この方の師の説く教えこそ真実に違いない。私は今、真実の教えを説かれる先

生に出会うことができるのだ」

と直感し、早速、モッガラーナのもとに行き、一部始終を熱く語りました。モッガラーナも、その方の師こそまことの師に違いないと、二人でサンジャヤに暇《いとま》を告げました。

サンジャヤは、優秀な二人の弟子を何とか引き留めようとしましたが、二人は迷うことなく、お釈迦さまのもとに行きました。そのとき、サンジャヤの弟子の中で、二人を慕い尊敬する500人が、一緒についていったといわれます。

二人はお釈迦さまの弟子になった後、特に優れた弟子として、お釈迦さまの布教を大きく支えました。

人と同じでなくていい、一人ひとりの道がある

私たちの顔や形がそれぞれ違うように、能力、個性、性格も一人ひとり違います。

成長の過程も人それぞれです。同じ方法でも、それによって上達する人もあれば、それがまったく合わないという人もあるでしょう。ですから、一つの方法に固《こ》執《しつ》する必要はありません。

お釈迦さまには個性豊かなさまざまな弟子がいました。

年齢や生まれ育った環境も違えば、能力や性格もまったく違っていましたので、それぞれに合わせて、教え導いていかれました。

弟子の一人、ウパリは、カーストで最も低いシュードラ出身でしたが、定められた決まりを誰よりも守り、お釈迦さまから「持律第一（戒律を守ること第一）」とたたえられました。

またお釈迦さまが亡くなった後、その教えをまとめる際にも、きわめて重要な役割を果たしました。

あるとき、ウパリはお釈迦さまに申し出ました。

「お弟子にしていただいてもう何年も経《た》ち、お釈迦さまの定められた戒律を破ることなく日々努めております。私は、皆と一緒に修行するよりも、一人、静かな環境で修行をするほうがはかどるのではないかと思います。林の中で一人で住み、修行に励ませていただけないでしょうか」

これを聞いたお釈迦さまは、こうウパリを諭されました。

「よいかウパリ、まだ悟りを得ていない者は、一人で修行をしようなどと考えるべきではないのですよ。

たとえば、大きな池があったとしよう。**大きなゾウならば、その池に身を浸してくつろぐことができるでしょう。しかし、ウサギやネコのように小さな動物であったらどうだろうか。**同じ池で溺《おぼ》れ死んでしまうかもしれない。池は変わらなくても、それぞれの段階によって、ちょうどいいものにもなれば、身を滅ぼすものにもなりかねないのです」

お釈迦さまはさらに続けて、

「ウパリよ、まだ幼い子供が泥まみれになって遊ぶでしょう。しかし、成長すれば、木を切ったり、弓矢を作って遊んだりするようになるでしょう。さらに成長すれば、読み書きを覚え、歌や音楽を作り、絵を描いて、周りの者を楽しませることもできるでしょう。子供の遊びにも、そのように段階があるのです。

同じように修行をするにも、それぞれの段階がある。お前はまだ皆と修行をしなさい」

とおっしゃいました。

ウパリは、お釈迦さまが自分に合った最善の道を示してくださっていたことを知り、自分の考えを改めて、これまでと同じように、修行に打ち込みました。

お釈迦さまの教えの説かれ方は**対機《たいき》説法**とか、**応病与薬《おうびょうよやく》**といいます。

機とは人のことです。対機説法とは、**相手に応じて法（教え）を説く**ということです。

医者が患者の病に応じて薬の量や濃さを変えて処方するように、お釈迦さまは相手の心の状態に応じて教えを説

いていかれたので、応病与薬ともいうのです。

人はそれぞれに違います。ですから、一人ひとりの成長の道は同じではありません。

たとえば、叱って伸ばすのか、褒めて伸ばすのか、子供の教育や部下の育成でよく議論になるところです。

その人の心に自信が育まれているなら、叱りつけられても、「次は認められるように頑張ろう」と思いますが、自分に自信がない場合は、叱られると「やっぱり自分はダメなんだ」と、かえって自信を失い、逆効果になることのほうが多いのです。

後者の場合は、ちょっとした頑張りや成功も褒めて、自信を育てていくのがよいといいます。

叱ったほうがいいのか、褒めたほうがいいのか、これは相手によって変わります。

また、私たちは自分がこれまで受けてきた指導方法や、自分自身に合ったやり方を、押し付けてしまいがちです。そのほうがラクだからなのでしょうが、本当は人それぞれに合った導き方や指導の仕方があるのです。

「誰だって、こうすればうまくいくんだ」「これが一番の近道なんだ」などという絶対の方法はありません。

そうした「型」にはめずに人や自分を見ることは、とても大切です。

注意してくれる人は、自分の中の宝物のありかを教えてくれる人

人から注意されると面白くないものです。相手の言うことはもっともだとわかっていても、欠点を指摘されるとうれしい気持ちにはなれません。

しかし、自分では気づいていなくても、相手には見えているところがありますから、その指摘に耳を傾けられれば、自分の気がつかなかった改めるべき点を発見することができます。

もちろん、的外れな指摘もあるかもしれませんが、それでも「そのように思った人がいる」というのは間違いないことなので、**まず相手の言うことを否定せずに聞く**ことは大切ですね。

お釈迦さまは弟子たちに、素直に聞くことの大切さを教えていかれました。

ラーダーという人は、生まれた家が大変貧しかったため、年老いると子供たちから「役立たず」とののしられ、家を追い出されてしまいました。

途方に暮れたラーダーは、お釈迦さまのもとで出家したいと思いましたが、自分は高齢だからとても修行は務《つと》まらないだろうとあきらめましたが、お釈迦さまのご配慮により、出家が認められました。


このラーダーは、大変、素直な心の持ち主だったようです。

ラーダーはサーリプッタのもとで、お釈迦さまの教えを学んでいました。

ある日、お釈迦さまがサーリプッタに、ラーダーの様子を尋ねられました。

「ラーダーは、素直に教えを受けていますか」

「はい、大変素直に教えを受けています。彼の欠点を指摘しても、彼は決して腹を立てることはありません」

サーリプッタとラーダーには、親子以上の年の差があったと思われます。サーリプッタは、お弟子の中でも代表的な弟子であったとはいえ、自分の子供と同じ年齢の人から、欠点を指摘され、素直に聞いて正すことができるのは、とても立派なことです。

お釈迦さまは満足して、弟子たちにおっしゃいました。

「よいですか、たとえどのような形でおのれの過《あやま》ちを指摘されても、ラーダーのように素直な心で受け止めなければなりませんよ。**注意を与えてくれる者に腹を立ててはなりません。注意を与えてくれる者は、宝物がどこに隠されているかを教えてくれているのだから**」

気がつかないところを教えてもらい、それを改められれば、大きく向上できるのですから、お釈迦さまの言うように、人からの注意は、自分の中の宝物がどこに隠されているかを教えてくれているようなものですね。

とはいっても、どうしても感情が先に出てしまいますから、ここで相手の言うことの聞き方のコツを一つ紹介しましょう。

「相手の言うことを聞く」というのは、「相手の言うことが正しいとそのまま認める」ということではありません。時には相手が的外れなこともありますし、その場ではどうなのか判断できないこともあるでしょう。

そんなときは、次のように返事をするとよいと思います。

「(あなたがそのように思ったこと)わかります」

このように心の中で(あなたがそのように思ったこと)という前置きをつけるのです。

具体例を挙げてみましょう。ある人から、「あなたのものの言い方はキツすぎると思う」と言われました。まったく自覚がなかったので、どうもピンときません。

そんなときは、次のように答えるのです。

「(あなたがそう思ったこと)わかりました。気をつけます。教えていただいてありがとうございました」

心の中で(あなたがそう思ったこと)という前置きをつければ、納得いかない指摘でも、落ち着いて一度受け止めることができます。

相手の意見や考えに納得できないとき、それを消化するのに時間がかかるときは、それがあたっているかどうかを考えるのは後回しにして、まず「相手がなぜそう思ったのか」を理解するように聞いてみましょう。その上で、後でゆっくりその意見と自分を照らし合わせるといいのです。

「寂しさ」から抜け出す お釈迦さまの教え

自分のことしか考えない人のことを、「**我利我利《がりがり》亡者《もうじゃ》**」といいます。

「我利我利」とは自分の利益や都合ばかりにこだわること、「亡者」とは取りつかれた人という意味です。

自分の利益や都合だけを考え、相手のことをまったく思いやる気持ちがない人は、必ず孤独になって苦しむのだとお釈迦さまは教えていかれました。

私がこんなに苦労した。

おれがこんなに頑張った。

私の利益、私の評判、などなど――「**私が**」「**おれが**」でいっぱいになると、心の中には自分しかいなくなるので孤独になります。

誰かからの支えに気づけば、感謝の心が起きますよ。

誰かのよろこぶ顔を思い浮かべれば、寂しい心はやわらぎますよ。

誰かの支えになってみなさい、生きる力が湧《わ》いてきますよ。

だから、「幸せを求めるのなら、誰かを思いやる心を持ちなさい」と、お釈迦さまは教えていかれました。


コーサラー国のシュラバスティーという町に、スダッタ長者という富豪がいました。長者は、お釈迦さまのご説法を聞き、ぜひ自分の町にお釈迦さまをご招待したいと、私財を投《とう》じて、お釈迦さまやそのお弟子たちが長く滞在して説法をできる精舎《しょうじゃ》（寺）を建立《こんりゅう》しようとしたのです。

その町に、一人の老婆がいました。老婆は、かつてはきらびやかな生活をしていましたが、家族に先立たれて財産を失い、今では貧しく寂しい暮らしをしていました。

その老婆の生きがいは、布を織ることでした。精魂《せいこん》込め、数カ月かけて仕上げた美しい織物を眺めながら、

「この布なら、王妃がまとうような美しい着物を作れるに違いない」

と満足していました。そして、自分がその着物をまとった姿を想像し、幸せだった若かりし頃の思い出に浸ることが老婆の心の安らぎだったのです。

そんな老婆が町に出かけたときのことです。

スダッタ長者が、精舎の建立の布施を呼びかけていました。

「皆さん。皆さんはブッダ・お釈迦さまをご存じですか。仏という最高の悟りをひらかれた尊いお方です。

仏がこの世にお出ましになられた機会に会うことは、幾たびの生死を繰り返してもありえぬ難しいことなのに、そんな尊いお方が皆さん、現に今、この町に来て説法してくださるのです。

そのための精舎を建立しませんか」

老婆は、今一つ腑《ふ》に落ちませんでした。あれほどの金持ちが、なぜ貧しい者にまで施しを勧めるのか。貧乏な私ごときが、わずかな施しをしたといって何になるだろう。

そう思いながら聞いていると、スダッタ長者はさらに続けます。

「お釈迦さまは説かれます。

幸せ不幸せは、すべておのれ自身の行ないが生み出すものだと。自分のことしか考えず、他を思いやる心のない者は、必ず、孤独で苦しまねばなりません。けれど**相手を思いやり、慈悲のタネをまく者は、幸せに満たされます**」

帰宅した老婆は、長者の話を思い返しました。

「確かに私は今まで、自分のことばかり考えて、誰かを思いやるということもなかった。若い頃は、自分がいかに美しく見られるかばかりを考えていた。

結婚してからは、どうしたら、自分を大事にしてもらえるかばかりだった。

子供ができてからは、どうすれば子供が出世して自慢できるかばかり。

一度も、誰かの幸せを願ったり思いやったりしたことはなかった。

だから、今、独りぼっちなのか。

もう私も先は長くない。せめて一度でも、誰かのために施しをしてみようか」


老婆は、何か施すものはないかと、ガランと殺風景な部屋を見渡すと、自分が丹精《たんせい》込めて織り上げた美しい布がありました。

しかし、この布だけは手放せません。老婆は迷いました。

そこに、スダッタ長者の使者が、

「布施される人はありませんか。どなたでも、どんな物でも結構です。歩けない人は、こちらから伺います」

と大声で呼びかけながら、老婆の家の前を通りかかったのです。

その声に吸い寄せられるように、老婆は大事な織物に手をかけて、窓の外へ、そっと投げました。

驚いたのは長者の使者です。粗末な家の窓から、王族の衣にでも使われるような綺麗な布がひらりと差し出されたのです。

報告を受けたスダッタ長者が、翌日、使者とともにその家を訪問すると、中には粗末な衣服をまとった老婆がおりました。


「この布は、あなたが布施されたのですか」

「はい、さようです。昨日のあなたの話を聞いて、その決意をしました」

「あなたはなぜ、この布で自分の服を作らなかったのですか？　売ったとしても相当なお金になったはずです」

「老い先短いこの私の体を飾ったところで、何も意味がありません。それよりも、この布でせめてお釈迦さまの足元でも飾っていただきたいと思ったのです」

長者は、老婆の心にいたく感激して、

「この布は、お釈迦さまやお弟子を包む法衣《ほうえ》にさせていただきます。あなたの素晴らしい心に、私もぜひ布施させてください」

と言って、首飾りや指輪を外し、老婆に施したといいます。

精舎が完成し、お釈迦さまの説法を聞きに多くの人が参詣《さんけい》しました。

お釈迦さまのお話を熱心に聞く人々の姿を見た老婆は、**自分の施しが多くの人の幸せへの一助になれたことをとてもうれしく思いました。老婆はもう独りぼっちではありませんでした。**

このような施しの素晴らしさを教えられたお釈迦さまのお話は、たくさん残っています。

施しや布施というと、お金や物を与えることだと思う人は多いですが、施しの

本質は、与える物の多い少ないではなく、相手を思いやる心にあります。

自分しか見ない人は孤独です。
誰かを思いやる心を持ったとき、初めて孤独から解放されるのです。

大事な人との〝心の中のバケツ〟をイメージしてみる

お釈迦さまは、

「人世《ひとせ》間愛欲《けんあいよく》の中にありて」

とおっしゃっています。世の人は誰しも、愛を求めているということです。

私たちは皆、寂しい心を抱えています。だから、この寂しさを受け止めてくれる人を求めます。恋人を作ったり、結婚したりするのも、心の底にこの寂しさがあるからではないでしょうか。

しかし、相手を愛せば愛すほど、もっと一緒にいたい、もっと自分の話を聞いてほしい、相手の気持ちが常に自分に向いていないと不安になるという苦しみも生まれてくるでしょう。

　仏教では、愛すると執着が起きることを「愛着《あいちゃく》」、また愛せば愛すほど心が渇くことを「渇愛《かつあい》」といいます。相手に多くを求めすぎてしまうと、かえってお互いに苦しんでしまうものです。

「刀葉林地獄《とうようりん》」という地獄の様子は、そうした人間の心を象徴しているかのようです。

　この地獄に落ちた罪人の目の前には、高い木が生えており、木の上のほうから自分を呼ぶ声が聞こえます。目を凝《こ》らして見ると、それはかつての恋人でした。

　その恋人がいとおしく懐かしくなって、罪人が木を登り始めると、その木の葉っぱが剃刀《かみそり》のように鋭《するど》く、罪人の体を切り裂《さ》きます。

　それでも恋人に会いたい一心で、傷だらけになりながらもようやくてっぺんに登り、恋人を抱きしめようとすると、そこには恋人の姿はなく、今度は木の下から、自分を呼ぶ恋人の声が聞こえるのです。

せっかく登ったのにと思いながら、木を降りていくと、また葉っぱに体を切り裂かれて苦しむ——これを限りなく繰り返す地獄だと説かれています。

一人でいると寂しい、この人ならわかってくれると求めるところが近づきすぎると、ケンカして傷つけ合い、離れていくとまた寂しくなり、別の人を求めてまた傷つく。

この地獄は、そうした人間の姿を表わしているのかもしれません。

近づきすぎると、相手の嫌なところも見えてしまいます。

求めすぎたり、求められすぎると、お互いにストレスになります。

かといって離れると寂しいものです。

〝ちょうどよい距離感〟が大事なのですが、このちょうどよい距離感とはどんなものなのでしょうか。

ちょうどよい距離感とは、言葉を換《か》えると〝お互いにストレスを感じない関係〟ということです。

いつも一緒にいて頻繁《ひんぱん》に連絡のやり取りをしても、お互いにストレスがないのならいいですが、一方的になってしまうと、どちらかの許容度に限界がきて、関係が壊れてしまいます。

そうならないためにも、次のように考えてみてはどうでしょう。

人にはそれぞれ、「これぐらいなら、相手のために時間や労力を使っても大丈夫」という許容量があります。**心の中にバケツがあるようなもので、このバケツの容量は相手によって変わります。**

親の子供に対してのバケツは、かなり大きなものでしょう。

逆に嫌いな人に対してのバケツは、とても小さいものでしょう。

その人その人に対して、これぐらいなら許せる、嫌だと思わないというバケツがあるのです。

親しくなるとお互いに、相手に対するバケツの容量が大きくなっていきます。だから、その相手だけに特別に時間を使ったり、お金を使ったりすることができます。

ところがどんなに仲良くなっても、必ずバケツの容量には限界があります。親しくなるほどそのことを忘れて、「これぐらい大丈夫だろう」と甘えが出て、一方的に求めてしまいます。

どんなによくしてくれる友達や恋人でも、人間である以上、心の許容量に限界があり、それを超えてしまうと、うまくいかなくなることを忘れずにいたいものです。

相手の心のバケツがいっぱいになっているとき、「自分のことを大事にしていないんだ」「好きだと言ったのは嘘なんだ」と悲しむ人もいますが、そうではありません。

どんなに元気な人でも、食事や睡眠をとらねば死んでしまうように、どんなにあなたを大事に思っていても、これ以上は無理という限界があります。

自分の要求を受け止めてくれないことを不満に思うよりも、**相手が他の人よりもずっと、あなたのために時間や労力を割《さ》いてくれていることに感謝する。**

このことをよく知ると、お互い余裕を持った付き合いができるようになります。

3章

「悩み・迷い」がシンプルになるお話

「私なんかダメです」と言う弟子に、お釈迦さまが諭されたこと

私たちは、心の中で何を思っていても、他人にはわからないと考えがちです。

しかしお釈迦さまは、**体や口の行ないよりも、心のあり方を見つめていきなさい**と説かれました。

なぜなら、口や体の行ないのもとは、心にあるからです。

その人の心が言葉となり、行動となるのですから、自分の言動を正していこうと思えば、心の動きに目を向けなければなりません。

お釈迦さまが、口や体の行ないよりも心のあり方を重視するのは、あらゆる言動のもとが心にあるからです。

お釈迦さまの巧みな導きにより、心にこそ目を向けなければならないと悟ったのが、チュッラパンダカというお弟子でした。

マガダ国の町に、マハーパンダカと、チュッラパンダカという兄と弟がいました。兄は大変賢く、祖父母に連れられ、お釈迦さまの教えを聞きに行ったとき、その教えに感動し、家族に頼んで許可を得て出家しました。

兄は、素晴らしい教えを伝えてやりたいと、弟も出家させました。

ところが弟・チュッラパンダカは兄と違って、短いお経の言葉すら、何日かかっても覚えることができません。お経どころか、自分の名前もろくに言うことができず、「お前の名前は？」と聞かれるとくるりと振り向いて、背中に「チュッラパンダカ」と書いてある文字を見せるのでした。

兄はそれでも熱心に教えを説きましたが、弟はまったく理解ができません。ついに、忍耐の限界にきてしまい、

「お前なんかに悟りがひらけるはずがない、足でまといだから出ていけ」

と追い出してしまったのです。

チュッラパンダカが途方に暮れて泣き悲しんでいると、自分の前に立つ影がありました。

誰かと思い顔を上げると、それはお釈迦さまだったのです。

「お釈迦さま、私はどうしてこんなに愚かに生まれたのでしょう。大好きな兄にも見捨てられてしまいました。もう修行はやめて、家に帰って働きながら、お釈迦さまのお話を聞かせてもらいます」

しくしく泣きながら、チュッラパンダカは悲しみを訴えました。

お釈迦さまは、

「どうして、お前は兄に放り出されたその足で、私のところに来なかったのだ。お前が来ないから、私がお前のところに来たのですよ。

修行にはさまざまな道があるのです。私と一緒に来なさい」

そうおっしゃってチュッラパンダカを連れて帰ると、一枚の布を授《さず》けて、

「お前はこの布切れを持って、私のもとに来る人の衣のほこりや履物《はきもの》の泥を払いながら、**『チリを払え、アカを除け』**と唱えなさい」

とお命じになりました。

「お釈迦さま、私には、その言葉をとても覚えきれません」

「心配はいらない、他の弟子たちが教えてくれるでしょう」

そしてお釈迦さまは、大勢の弟子たちに言いました。

「お前たち。これから、チュッラパンダカがお前たちの衣や履物の泥をはらってくれたとき、お礼の言葉の代わりに、『チリを払え、アカを除け』と言ってやりなさい」

それから毎日、チュッラパンダカはその布で、お釈迦さまの教えを聞きにやってくる弟子たちの衣や履物のほこりや泥をぬぐいました。

そのたびに、弟子たちは、「チリを払え、アカを除け」と言います。

そのあとに、チュッラパンダカは、同じ言葉を繰り返すのでした。

毎日毎日、来る日も来る日もチュッラパンダカは休むことなく、心を込めて汚れをぬぐうのでした。そのまじめさは、他のどんなに優秀な弟子にも負けないものでした。

それから何年か経ったある日のことです。

チュッラパンダカは、ふと考えました。

「私は、チリを払え、アカを除けと毎日何度も唱えているが、払わなければならないチリとは、アカとは一体なんだろうか？

チリやアカとは、衣や履物についているチリやアカだけだろうか？

本当に除かなければならない、払わなければならないチリやアカとは、心の中のチリやアカではないだろうか？」

チュッラパンダカは、手に持っている黒く汚れた布切れをじっと眺めました。

「今、私が手に持っている布は、初めは綺麗なものだった。それが、いつの間にかこんなに汚れてしまった。

人の心もこの布と同じだ。私は、心のチリやアカこそ除かねばならないのだ」

すると自分の目の前に立つ影がありました。

顔を上げると、それはお釈迦さまでした。お釈迦さまはにっこり微笑まれ、

「チュッラパンダカよ。よく気がついたね。汚れているのは、その布切れだけではないのです。

外に向いている目を内に向け、心の中のチリやアカを除き去ることこそが大切なのですよ」

とおっしゃいました。

私たちの心には、さまざまなチリやアカがあります。

相手の幸せを妬《ねた》み、不幸をよろこぶ心。

意地汚く自分の欲を満たすためなら、どんなことでも思ってしまう恐ろしい心。

憎い相手を心の中で切り刻んでいる心。

これらの心を外に出さないように見せないように、上辺《うわべ》を取り繕《つくろ》おうとしがちですが、お釈迦さまはこういう心にこそ目を向けて、除き払っていきなさいと教えられています。


自分自身の心が変われば、言葉や行動が変わります。

言動が変われば、運命が変わります。

すべてのもとである心に目を向けていきましょう。

〝心の悪〟が口に表われると……

仏教には「語殺《ごさつ》」という言葉があります。

これは、言葉で相手を殺すということです。手にかけて傷つけなくても、心ない一言が、相手の心を傷つけ苦しめ、殺してしまうことがあります。

インターネットを使っての匿名《とくめい》での発言には、とても見ていられないような、相手を侮辱《ぶじょく》し傷つける発言があります。**刃物で相手を傷つけることも恐ろしいですが、言葉の刃《やいば》はそれ以上の凶器になることがあります。**

お釈迦さまの時代にも、悪口がやめられなかった弟子がいました。その弟子を、お釈迦さまはどのように導かれたのでしょうか。

お釈迦さまは、悟りをひらかれる前は、シッダルタ太子という名前でした。

シッダルタ太子は29歳の2月8日、悟りを求めるために、夜中ひそかに城を抜け出し、出家されました。そのとき、チャンナという馬番が太子の出家を手助けをしました。

チャンナはその後、城に戻りましたが、城内は太子がいなくなってしまったことで、大変な騒ぎでした。特に太子の妻・ヤショダラ姫は、太子を止めなかったチャンナを責《せ》め立てました。

チャンナはしばらくの間、大変肩身の狭い思いをしましたが、太子が悟りをひらき、その名声が伝わってくると、偉大なるお釈迦さまの出家に立ち会った者として、そのときの様子を自慢げに語るようになります。

そして、釈迦族の青年たちがお釈迦さまの弟子になったときに、チャンナもまた、出家し仏弟子となりました。

ところが、弟子となってからのチャンナは、若かりし頃のシッダルタ太子の様子や、太子を命がけで城から連れ出したことを、自慢げに話すのです。

他の弟子たちがまじめに修行しているのに対し、チャンナは昔の思い出話にこだわり、「自分は他の弟子とは違うのだ」という思いを強くしていきました。

「何せ自分は、お釈迦さまの出家に立ち会ったただ一人の人間なのだ。あのとき自分がいなければ、太子は城を出ることはできなかったのだ」

そう考えるほどにチャンナの慢心《まんしん》は膨《ふく》らみ、次第に他の弟子を見下すようになりました。


チャンナにとって最も妬みの対象になったのは、二大弟子であるサーリプッタとモッガラーナでした。この二人に対して、

「私はお釈迦さまの出家前からお仕えしてきたのに、後からやってきたお前たちが、二大弟子などと名乗るのはけしからん」

と面と向かって罵倒《ばとう》し、二人の悪口を言いふらしたのです。

お釈迦さまは、チャンナを呼び出して、

「チャンナよ、二人の悪口を言っているというのは本当なのですか」

と悲しげな表情で、チャンナに口で作る悪の恐ろしさを教えました。

チャンナは、お釈迦さまから叱られると少しの間はおとなしくしているのですが、しばらくすると自分でも抑《おさ》えられなくなりました。

他の弟子たちには、サーリプッタとモッガラーナがお前の悪口を言っていたぞ、と嘘を吹き込みました。二人がやってもいない悪事を捏造《ねつぞう》して言いふらし、自分がいかにすごいかを言葉を飾り自慢しました。

お釈迦さまは、再びチャンナを呼び出し、

「チャンナよ、お前の自分をよく見せたいという心が、二人を引き下げることを言わせているのです。二人を妬む心が、彼らを慕う者との間を裂こうとさせるのです。

私たちの心には、欲や、怒りや、恨みや妬みの毒蛇《どくじゃ》がとぐろを巻いています。

この心が口に表われると、**綺語**《きご》、**両舌**《りょうぜつ》、**悪口**《あっこう》、**妄語**《もうご》の四つの悪になるのですよ。

綺語とは、言葉を飾り、おのれをよく見せて、相手を欺《あざむ》こうとする言葉です。

両舌とは、二枚舌のことで、仲のよい人の間を裂いて仲違《なかたが》いさせるようなことです。

悪口とは、相手を誹謗中傷《ひぼうちゅうしょう》すること。妄語は、事実無根の嘘をつくことです。

いずれも相手を妬み、恨み、憎しみ、おのれをよく見せたいという欲の心が言葉として表われたものなのですよ。

自分を認めてもらいたいのなら、なぜ、心を養い言葉を清め、おのれの徳を積もうとしないのですか。**サーリプッタとモッガラーナという二人の徳のある僧を誹謗中傷する罪は、すべてお前に返ってくるのですよ**」

お釈迦さまはその都度《つど》、忍耐強くチャンナに教え諭すのですが、チャンナの悪口は一向に改まりませんでした。

お釈迦さまがお亡くなりになる少し前に、アーナンダが、

「我々は、チャンナをどのように扱ったらよいでしょうか」

と尋ねました。

お釈迦さまは、少し考えてから答えられました。

「私が生きている間は、チャンナを正しく導くことはできないでしょう。私がこの世を去ってから、チャンナには『ブラフマタンダ』という罰を与えなさい」

「ブラフマタンダとはどのような罰でしょうか」

「チャンナは、思ったことをなんでも言ってもよい。しかし、修行者は彼に話しかけてもいけないし、注意してもいけません。教え諭してもいけません」

お釈迦さまは厳しい表情でそうおっしゃったのです。

お釈迦さまがお亡くなりになった後、アーナンダは、チャンナにこの処罰のことを告げました。

するとチャンナは泣き崩れ、**「世尊、私を見捨てないでください！」**と天に向かって叫んだといわれます。おのれの傲慢《ごうまん》さが、どれだけお釈迦さまを悲しませていたか、そしてどのような気持ちでブラフマタンダを言い渡されたかを思い返すと、自分の悪業の深さにただ青ざめるだけでした。

その後、チャンナは、おのれの過ちを深く反省し、黙々と修行に打ち込み、身を正していき、その罰は許されたといいます。

言葉の悪を作るのは、チャンナだけではありません。

私たちも妬みや自分本位の欲の心が、相手を貶《おとし》め、傷つける言葉になって表われているかもしれません。よくよく振り返らねばなりません。

「その『よい行ない』を私にさせてください」

私たちは、やればよいことだとわかっていても、なかなか行動に移せないことがあります。

「別に自分がやらなくてもいいだろう」「後輩や、部下がやることだ」「急に何か始めると、周りからどう思われるかな」——そのように周囲からの目を気にしたり、自分の意地やプライドがあったりで、具体的な行動への一歩を踏み出せないことはないでしょうか。

よいことだとわかっていても、それを実行し、習慣にすることは簡単なことではありません。心で思っていることを実際に行動に移すまでには、大きな壁がありますね。

お釈迦さまは、弟子たちに何がよいことなのかを教え、実行していくことを勧めていかれました。

そして、**そのことを最も実践されていたのは、他ならぬお釈迦さまご自身**でした。


お釈迦さまにはアヌルダという目の見えないお弟子がいました。

アヌルダはお釈迦さまの説法中、居眠りしてしまったことを深く悔《く》い、不眠の誓いを立ててから、一睡《いっすい》もしませんでした。

お釈迦さまは何度もアヌルダに睡眠をとるよう勧めましたが、アヌルダの決意は固く、ついに不眠がもとで失明してしまったといわれます。

そんなアヌルダがあるとき、衣のほころびを繕おうとしましたが、目が見えないので針に糸を通すことができません。

「誰か、善行の功徳を求めたい方、この針に糸を通してくださいませんか？」

アヌルダは周囲に呼びかけました。そのとき、

「ぜひ、私にさせてもらいたい」

と聞き覚えのある声が聞こえてきました。

それは、他ならぬお釈迦さまでした。

アヌルダは、その声に驚いて、

「世尊、私は、功徳を積みたい方に声をおかけしました。

お釈迦さまは、すべての善と徳を身につけられた方ではありませんか。そんな方に針に糸を通していただくなんて、もったいなくて、とてもできません」

すると、お釈迦さまはアヌルダの手を握り、

「アヌルダよ、功徳を求めることにおいて、私に勝る者はない。

仏は、苦しむ人々を救うために善を求めるのです。

さあ、針と糸を渡しなさい」

とおっしゃったといいます。

「知《ち》行《こう》一《いっ》致《ち》」という言葉があります。**真に知っていることは、必ず行動に表われる**ということです。

知っていながら行なわないのは、わかっていないということです。

テストを解くときも答えを知っていたならば、答案に書きます。

答えを知っているのに、答案に書かないということはないでしょう。

本当によいことだとわかったなら、必ず行動に表われる。

行動に表われないのは本当によいことだとわかっていないからかもしれません。

お釈迦さまは、よいことを人に教え勧めるだけでなく、自らもそのまま実践していかれました。

私たちも、よいタネまきをすぐに実践するように心がけていきたいものです。

人生は短い。大事ではないことには、こだわらない

私たちの一生は、長いようで短いものです。

一生の間でできること、使える時間には限りがあります。

「無常を観《かん》ずるは菩《ぼ》提心《だいしん》の一《はじめ》なり」という言葉があります。

命に限りがあると見つめることは、悔《く》いのない人生への第一歩であるということです。

命は有限であり、今日の一日は決して戻ってこないということを知ると、本当に大切なことにこそ、時間やエネルギーを使わねばならないと知らされます。

お釈迦さまの弟子、キャップッタは知的好奇心旺盛な若者でした。

弟子になったのも、偉大なブッダのもとで学べば、これまでわからなかった多くのことがわかるだろうと考えたのです。

ところがお釈迦さまのお話は、彼の知りたいことには一切触れられず、同じことの繰り返しにしか聞こえませんでした。

しびれを切らしたキャップッタは、

「私は、かねてから、この宇宙には果てがあるのか、この世界はいつまで続くのかを知りたいと思って、お釈迦さまのお弟子になりました。それなのになぜ、お釈迦さまは私の知りたいことを少しも教えてくださらないのでしょうか」

と問い詰めました。

お釈迦さまは、静かに彼に問い返されました。

「弟子になったら、宇宙に果てがあるかどうかを教えると、私は約束したかな？」

「いえ、そうではないのですが……」

キャップッタは、きまりが悪そうに言葉を濁《にご》しました。

「もし、お前の命が今晩までだとしたら、それでも、その問題の答えを知りたいかな？」

「いえ、今晩までの命なら、そのようなことはどうでもよくなると思います」

「そうでしょう。仮に宇宙に果てがあるかどうかを知ったからといって、それでお前の毎日の何かが変わるのですか？」

しばらく考えてキャップッタは、

「何も変わらないと思います」

と答えました。

「ならば、老いや病や死を超えた永遠の幸せを求めることと、宇宙に果てがあるかないかを知ることとどちらが大事ですか？」

「はい、まことの幸福を求めることです」

自分の考え違いを認めたキャップッタに、お釈迦さまはさらに丁寧にたとえ話で教えられました。

「ある男が散歩中に、突然、飛んできた矢が足に刺《さ》さった。それは毒矢で、一刻も早く抜かなければ命が危ない。

友人たちは、『すぐに矢を抜き、治療しなければ』と勧めたが、男は、『いや待て。この矢は誰が射《い》たのか。男か、それとも女か。その者の名前は？　何のために矢を射たのか。矢に塗られた毒はどんな毒か。それらがわかるまで、この矢を抜いてはならん』と言い張った。

やがて全身に毒が回り、男は死んでしまった。

お前は、この男を賢いと思いますか？」

「……いえ、その男は大変な愚か者です……」

「そうでしょう。無常は迅速なのです。今、こうしている間にも年老い、病にむしばまれ、やがて死なねばならないときが迫っているのです。

この世には知らないこと、わからないことは無数にあるでしょう。しかし、それらのすべてが大事なことではないのですよ。**大事ではないことにこだわっている間に、たちまち一生は終わってしまうのです」**

と教え諭されたといいます。

私たちは忙しくなると、目先のことで頭がいっぱいになってしまいます。それが本当に大事なことかどうなのかを振り返る心の余裕がなくなってしまいます。**忙しいという字は、「心を亡くす」と書きますが、今やっていることが大事なことなのかどうかを、振り返る心を亡くしているということです。**

人生は短く、命は有限であるということを心において、今やっていることが本当に大事なことかどうかを振り返ってみましょう。

どれ一つ欠けても、今のあなたではありませんでした

お釈迦さまのお弟子のプンナは、若くからさまざまな学問を修《おさ》めていましたが、お釈迦さまに議論を挑んで敗れたことから、お弟子になったといわれます。その説法がとても素晴らしかったので、お釈迦さまから説法第一とたたえられていました。

智慧第一のサーリプッタが、あるときプンナの力量を確かめるために、こんな質問をしました。

「プンナさまのお徳は、世尊の教えによって、身につけられたのですか?」

「そうです。すべて、世尊の教えによるものです」

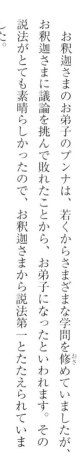

「では、世尊より授かった戒律を守ることで、そのお徳を身につけられたのですか？」

「いいえ」

「では、心を見つめる瞑想《めいそう》ですか？」

「いいえ」

「では、布施《ふせ》行《ぎょう》の実践ですか？」

「いいえ」


サーリプッタは、お釈迦さまの教えをすべて列挙しましたが、プンナはすべてに「いいえ」と答えるだけでした。

「あなたは、すべて世尊の教えによるものだと言われた。しかし、世尊の教え、すべてに『いいえ』と答えられた。これは一体どういうことなのでしょうか？」

プンナはそこで、一つのたとえ話を説きました。

「ある国で事件が起き、国王は、数百キロ離れたところにある都に、一日で行かねばなりませんでした。

国王は道中に、7台の馬車を用意させておきました。1台目の馬が疲れる前に、2台目に乗り換え、2台目の馬が疲れる前に、3台目に乗り換え、こうして7台目の馬車で目的の都に到着しました。

この場合、王は、第一の馬車の力だけで、目的地に着いたのではありません。**第一、第二……第七、すべての馬車の力で、目的地に着いたのです。すべての馬車のおかげであり、どの車が欠けても、目的地に到達することはできませんでした。**

私も戒めを守ることだけでなく、心を見つめるだけでなく、善行を積むだけでなく、世尊のあらゆる教えによって、この徳を得ることができたのです」

プンナの筋道立った話に、サーリプッタは感服したといいます。

このプンナの話は**「七車のたとえ」**といわれています。

目的地にたどり着いたのは、七つの馬車すべての力が合わさったからです。

もっと細かくいうなら、1台目の馬車を準備してくれた人や、馬を走らせた人、2台目の馬車を手配してくれた人など、関わるすべての人の力が合わさったからで、どれ一つ欠けても、たどり着くことはできませんでした。

これは私たちの生活でも同じことです。

自分のことばかり気にして、チーム

全体のことを考えられなければ、うまくはいかないもの。

また、自分が頑張って成果を出したんだと考えて、周囲にサポートしてもらったことを忘れれば、チームの中で浮いてしまいます。

一部だけを見て全体を見ずにいると、大事なことを見落としてしまいます。


物事はさまざまな部分が集まって一つをなしています。どれ一つ欠けても成り立ちません。


このことを心において物事を見てみると、自分が頑張ったことだけでなく、さまざまな人の支えに気がつき、感謝することができます。

逆に、自分の手柄や貢献《こうけん》ばかりをアピールすると、他にも関わった人たちが、お前だけの力ではないだろうと思いますから、ぎくしゃくしてしまうことになりますね。

常に全体を見て、周りからの支えを見落とさないようにしたいものです。

4章

人生を「ありのまま」に真っすぐ見つめるお話

お釈迦さまの説かれた「人間の真実」のたとえ話

お釈迦さまの時代のインドには、マガダ国と並んでコーサラーという強国がありました。

その王、パセーナディは、お釈迦さまの教えを熱心に聞いていました。この王様は、大食で有名で、大変太っていたといいます。

あるとき、その王にお釈迦さまは、一つのたとえを説かれました。

ある旅人が荒野《こうや》を歩いていると、凶暴な暴れ象《ぞう》に遭遇した。

旅人は走って逃げるが、巨象はものすごい速さで追ってくる。

象から身を隠すところはないかと、あたりを見渡すと、井戸があった。

旅人は井戸にたどり着き、井戸に生えていた木の根が井戸の下に垂《た》れさがっていたので、それを伝って身を隠した。

ところが足元を見ると、井戸の底には恐ろしい毒竜がいて、旅人が落ちてくるのを真っ赤な口を開けて待っていた。

さらには、どこから現われたのか、白と黒の二匹のネズミが、旅人がぶら下がっている木の根をかじり始めたのだ。

旅人は、ネズミを追い払おうと躍起《やっき》になるが、ネズミは休まずかじり続ける。

そのとき、木の根元にあった蜜蜂《みつばつ》の巣から滴《したた》り落ちたハチミツが、たまたま旅人の口の中に入った。

旅人は、そのハチミツをなめたとたん、象のことも竜のこともネズミのことも忘れてしまい、ただ、ハチミツをなめることだけに心を奪われてしまったのだ。

この話を聞いたパセーナディ王は、

「世尊、この旅人はどうしてこんなに愚かなのでしょうか？　なぜ、こんな危機的な状況であることを忘れて、ハチミツをなめることだけに我を忘れることができるのでしょう」

するとお釈迦さまはこうおっしゃいました。

「よいですか、王よ。この旅人とは、実はそなたのことなのです」

驚く王に、お釈迦さまは、一つひとつたとえの意味を説かれました。

「凶暴な象と毒竜とは、すべての人が忌《い》み恐れる死をたとえたものです。皆、死から逃れようと逃げ惑っていますね。

旅人がすがりついた木の根は、寿命、命のことです。

王であろうがどんな身分の者であろうが、明日があると信じている。皆、明日があると自分の命を信じ、あてにしていますが、果たしてそうでしょうか？

木の根をかじる白黒のネズミは、昼と夜とをたとえたものです。白いネズミは、昼、黒いネズミは夜です。昼夜、白黒のネズミが、寿命の根をかじっているのです。私たちの命は、白のネズミか黒のネズミ、いずれかにかみ切られるのですよ。吸った息が吐き出せなければ、吐いた息が吸えなければ、この命は終わってしまいます。命というのは常に死と触れ合っているものなのです。

こんなあやういところに身を置きながら、この旅人が我を忘れ、とりこになっているハチミツとは何だと思いますか?

これは、欲を満たす楽しみです。

舌《した》を愛し、体を養《やしな》わない。

財を愛し、施しをしない。

色に乱れ、身を慎《つつし》まない。

名誉を愛し、徳を積まない。

楽におぼれ、努力しない。

そうしているうちに罪や悪を作って、あっという間にこの一生が終わっていくことをたとえたものなのです」

王は冷や汗をかき、背筋がぞーっと冷たくなりました。

お釈迦さまというこの上ない尊いお方から教えを受けながら、食に溺れ、権力におごり、わがまま放題に日々を過ごしている自分を深く反省しました。

このたとえ話はもちろん、この王だけのことではありません。

明日とも知れぬ無常の命であることを忘れて、ただ目先の欲の楽しみに我を忘れて一生が過ぎ去っていく私たちすべての姿をたとえられたものなのです。

うぬぼれない、おごらない、謙虚でいてこそ

私たちには、おごりやうぬぼれの心があります。自分には人よりも優れたところがあると思うと、相手を見下し、傲慢になってしまいます。

こうした心があると、物事を正しく見ることができなくなります。

おごった心には正しい教えも入りませんから、お釈迦さまは、人々を教え導かれるときに、まず、おごりやうぬぼれを捨てさせるようにしていかれました。

お釈迦さまは、釈迦族の出身であったことから、「釈迦」といわれます。

お釈迦さまが悟りをひらいた後、釈迦族を訪れたとき、多くの釈迦族の青年たちが弟子になったといわれます。

釈迦族は、大変優秀な部族だったそうですが、プライドが高く傲慢なところがあったといわれます。

先ほど紹介したお弟子のウパリは、もともとはその釈迦族に仕える理髪師でした。釈迦族の王族や貴族の青年たちが、出家に際してウパリに髪をそらせました。ウパリは、皆がお釈迦さまのもとに出家することを知り、またとないチャンスだ、自分も出家しようと決意し、釈迦族の青年たちが出家の準備をしている間に、先にお釈迦さまのもとに行ったのです。

ウパリは尋ねました。

「世尊、私は卑しいシュードラの出身のものです。このような私もお釈迦さまの弟子にしていただけると聞きました。本当でしょうか？」

お釈迦さまは、

「どんな川の水も、大海に流れ込めば一つになるように、どんな身分や階級の者

も、僧団においては同じです。ウパリよ、さあ、来なさい」

とウパリを励まし、出家を認められました。

それから間もなく、釈迦族の青年たちがお釈迦さまのもとにやってきました。

皆、王族貴族の出身で身分の高い者たちでした。

「世尊、我らをあなたの弟子にしてください」

お釈迦さまは、静かにうなずかれ、おっしゃいました。

「**ならば、このウパリを礼拝しなさい**」

一瞬、場にどよめきが走りました。

ウパリは昨日まで、自分たちの身の回りの世話をさせていた男で、しかも、自分たちよりもずっと身分が低いシュードラの生まれの者だったからです。

釈迦族の心の動揺を見逃さず、お釈迦さまは教えを説かれました。

「**ウパリは、お前たちの中で誰よりも出家を強く志し、お前たちよりも先に私の**

弟子となった。
だから、兄弟子であるウパリを礼拝しなさい」

釈迦族の青年たちは、お釈迦さまの心を深く受け止め、これまで自分がどれだけ傲慢であったかを反省し、深くウパリに頭を下げ、礼拝し、お釈迦さまの弟子になったのです。

このように、お釈迦さまは、人々のうぬぼれやおごりを取り去ってから、教えを説いていかれました。

茶碗《ちゃわん》にお湯を注ぐとき、茶碗が上を向いていれば、お湯を注いでいっぱいにできますね。しかし、茶碗が裏返しにひっくり返っていると、注ごうにも注げません。

私たちの心も同じです。ひっくり返っていると、どのようなよい考えも受け入れられませんから、謙虚な気持ちでいるのは大切なことです。

心の茶碗を上に向けて、「教えていただこう」という気持ちがあれば、たくさんの学びがあるはずです。

「欲しがりすぎ」は毒蛇のように身を滅ぼす

仏教の説話の中には、青鬼、赤鬼、黒鬼の3匹の鬼がよく出てきます。青鬼は欲の心、赤鬼は怒りの心、黒鬼は恨みの心を表わしたものだといわれます。

なぜ、欲の心が青鬼なのかというと、深く青い海は底が知れないように、私たちの欲は底が知れません。満たせば満たすほど、もっともっとと、際限なく広がっていきます。

底知れない欲の心に振り回され、人生を棒に振ってしまう人は少なくないのではないでしょうか。

弟子のアーナンダがお釈迦さまのお供として、農道を歩いていたときのことでした。お釈迦さまは、突然、立ち止まり、道端を指さされ、

「アーナンダよ、ここに恐ろしい毒蛇がいるぞ」

とおっしゃいました。見ると、道端に金貨の詰まった袋が落ちていました。アーナンダは、

「まことに恐ろしい毒蛇です」

と返し、そのままそこを立ち去りました。

ところが、その様子を見ていた村の男が、

「釈迦も馬鹿な奴だ、黄金を毒蛇と見間違えるとは」

そう言って、金貨の詰まった袋を持ち帰りました。

男は、最初は周りの目を気にして、少しずつお金を使っていましたが、使えば使うほど欲しいものは増えていき、立派な家を建て召使いを何人も雇《やと》い、家財道具も立派なものに新調し、毎日ごちそうを食べるようになりました。

男の暮らしぶりがどんどん贅沢《ぜいたく》になっていくことを怪しんだ近所の人が、王様に通報し、王は男を呼び出し尋問《じんもん》しました。

王は、男が道で拾った金貨を届けもせずに、すべて自分のものにしたことを白状すると、死罪を言い渡し、牢獄《ろうごく》にぶち込みました。

「ああ、お釈迦さまのおっしゃる通り、あの黄金は毒蛇だった。欲の毒が回って、おのれの身を滅ぼしてしまった」

と男は牢屋の中で嘆き悲しみました。

「はて、お釈迦さま、毒蛇？　おかしなことを言うもんだ」

と思った牢番の報告を受けた王様は、男を呼び出しそのわけを聞きました。

「王様、私があの黄金を拾う前、世尊は、毒蛇がいるから気をつけろと言って立ち去って行かれました。私はそのことがわからず、欲のままに黄金を拾いました。

ところが、**贅沢をすればするほど、欲の心は膨らんでいき、キリがありません。あげくの果てに、拾った金貨をすべて使い果たし、身を滅ぼしてしまいました。**

あのとき、お釈迦さまのお言葉をそのまま素直に聞いていれば、こんなことにならなかったのに」

さめざめと泣く男を見ながら、王はふと自分を振り返りました。

「釈尊のおっしゃる通りだ。欲の毒に身を滅ぼすのはこの男だけではない。この私自身も、欲に溺れ、王という権力を笠《かさ》に、わがままになっていた。欲の毒で身を滅ぼそうとしていたのは、他ならぬこの私だ」

そう思った王は、この男を許したといいます。

欲は、満たせば満たすほど、深まっていきます。

衣服や化粧品でも、最初は安価なもので満足していても、少しいいものを着たり、使い始めたりすると、もとには戻れなくなります。

さらに高級品を使い始めると、もっとおしゃれなブランド品が欲しくなります。

高価なものには上限はありませんから、この「もっと、もっと」にはキリがありません。

この「欲しい」という欲に振り回されて、借金で首が回らなくなり、カード破産してしまう人もあります。

「足るを知る」という言葉がありますが、この底なしの欲の心に振り回されないようにするには、どこかで**「これでもう十分だ」「これ以上は必要ない」**と、足ることを知る必要があるのではないでしょうか。

お釈迦さまが「毒蛇だから気をつけなさい」とおっしゃったのは、私たちの底の知れない欲の心に気をつけなさいと戒められたのです。

心が弱っているときは、誰でも過ちを犯しかねません

苦しいとき、寂しいとき、不安なとき、心にスキマができます。

このスキマに付け込んで、人を騙《だま》す人もあります。

あるいは自分から、とんでもないものをつかんでしまうこともあります。

焦《あせ》っているとき、迷っているときは、通常の自分なら絶対にありえないと思うようなことを考え、やってしまうことがあるのです。


仏典に記されているさまざまなお話の中で最大の悲劇といわれる「**王舎城の悲劇**」も、誰にでも起こりうる迷いから、親が我が子を殺害しようとし、そしてその親が我が子に殺されてしまうという事態になりました。

今から２６００年ほど前、お釈迦さまがおられた時代、インドにマガダ国という大国がありました。

その首都・ラージャグリハ（王舎城）に、ビンバシャラ王と、妃のイダイケが住んでいました。王夫妻には、長らく子供が生まれず、このままでは世継《つ》ぎがないまま、自分たちの権力が奪われてしまうかもしれないという深い悩みがあったのです。

特に、子供を産めなくなる年齢が近づいていたイダイケの焦りは深刻で、悩んだあげく、町で評判の占い師を城に呼びました。

占い師は、

「この国の奥山に、一人の修行者がいます。３年後にその者の命が尽きると、次に、あなた方の子として生まれ変わってくることになっております」

と告げました。

「あと３年も待たなければならないの⁉」

イダイケは落胆《らくたん》し、「何とかして、子が生まれてくるのがもっと早くなる方法はないの？」と懇願《こんがん》するように尋ねると、占い師は、

「修行者さえ早く死ねば、それだけ早く、お子様がお生まれになるでしょう」

と言いました。

王夫妻の心には、「修行者さえ早く死ねば」という言葉が、鮮明に残ったことは言うまでもありません。そして恐ろしいことに、王夫妻は修行者の殺害を決行してしまったのでした。

その後しばらくして、どういうわけかイダイケ夫人は懐妊《かいにん》したのです。待望の子供が宿ったのですから、よろこぶはずです。ところがイダイケは、殺した修行者が恨みを持ったまま自分の腹に宿っているのではないかと思うと、眠れない夜が続きます。

不安に耐えきれず、再び占い師を呼ぶと、

「今、お妃様のお腹の中に宿られているのは、王子様でございます。しかし、**ご**

両親に大変な恨《うら》みを持たれています。成長されるときっと、お二人を殺害されるでしょう」

と予言したのです。

イダイケの苦悩は、さらに深まりました。その不安をあおるように、日に日にお腹は大きくなります。胎動《たいどう》を感じるたびに、イダイケは恐怖に震《ふる》えるのでした。

そしてついにある晩、身も凍《こお》るような決意を、夫に告げました。

「私たちをいつか殺す子供なんて、絶対に産みたくない。でももう、ここまできたら産むしかないわ。だから私、夜も寝ずに考えたの。**産室《さんしつ》を2階にして、1階に剣の林を作ってよ。ひと思いに、その剣の林の上に産み落とすから……！**」

殺気だった妻の気迫《きはく》に、王は何も言い返すことはできず、それは実行されたのです。

剣の林に産み落とされた赤子は、奇跡的に一命をとりとめました。

しかし、生まれた我が子の顔を見ると情愛の思いが湧き上がり、さすがに殺せなくなったイダイケは、この子をアジャセと名付けて育てることにしたのです。

一切のいきさつは口止めされ、アジャセを溺愛《できあい》しましたが、やがて成長すると凶暴な王子となり、父ビンバシャラ王を殺害し、母を牢獄に閉じ込めるという大変な悲劇が起きました。


この悲劇は、ビンバシャラ王やイダイケだけのことでしょうか。

どうしても手に入れたいものがある。そのためにならば、他の何かを犠牲《ぎせい》にしてもかまわないと考える——これは王夫妻だけのことではないはずです。

テレビや新聞では、目をふさぎ耳を覆《おお》いたくなる残酷な事件が報じられることがたびたびありますが、**その出発点はこの王夫妻のように、誰でも抱きうる迷いや不安が、さまざまな縁と絡み合い、自分でも自分を止められなくなった結果な**のかもしれません。

きっかけさえ来れば、誰もが恐ろしい悪を犯《おか》してしまう可能性を秘めているのではないでしょうか。

心の中にもある迷いが、悪い縁と結びつくと、車輪の回転が弾んで止まらなくなるように行きつくところまでいってしまうことを、この王舎城の悲劇は教えてくれています。

誰かを妬んでも恨んでも、傷つくのは自分です

怒りや恨みや妬みの心を、一度も抱いたことがないという人はいないでしょう。
しかし、これらの心ほど恐ろしいものはありません。
自分よりも優れた人を妬み、認めてもらえないことを恨む。
身近な人に対して、怒りや憎しみ、恨みの心を持つ。
それが、時には大きな罪や悲劇を引き起こすのです。

お釈迦さまの時代にも、妬みのあまり、お釈迦さまを殺害しようとしたダイバダッタという男がいました。
ダイバダッタはお釈迦さまのいとこにあたり、釈迦族の中でもお釈迦さまに次

いで優秀な人だったといいます。ダイバダッタはお釈迦さまの弟子にはなりましたが、次第に、教団を率《ひき》いるには自分がふさわしいと考えるようになりました。そして大胆にもお釈迦さまに、引退して自分に教団を譲ってほしいと申し出たのです。

ダイバダッタの野心を見抜かれたお釈迦さまは、ダイバダッタにその器はないと厳しく諫《いさ》められました。そのことを強く恨んだダイバダッタは、ついに暗殺計画を企《くわだ》てたのです。

お釈迦さまが通りかかられるところを待ち伏せして崖《がけ》の上から岩を落とし、亡き者にしようとしました。ところが、岩はお釈迦さまを避け、大事には至りませんでした。

次に、凶暴で恐れられていた象に酒を飲ませ、踏み殺させようとしましたが、慈愛溢れるお釈迦さまのお徳に、凶暴な象も猫のようにおとなしくなりました。

ことごとく暗殺計画が失敗したダイバダッタは、一計を案じました。

「釈迦の威勢がいいのは、マガダ国の王、ビンバシャラ王とその妃が釈迦を支援しているからに他ならない。

王夫妻の間には、アジャセという凶暴な王子がいるという。この王子を味方につけ、そそのかして、王を殺させれば釈迦も支援者を失い失脚《しっきゃく》するだろう」

と彼は考えたのです。これが、先に述べた王舎城の悲劇になります。

アジャセに言葉巧みに取り入り、絶大な信頼を得たダイバダッタは、頃合いを見て言いました。

「アジャセ太子、あなたは前世では、ある修行者でした。あなたの両親は子供欲しさに、その修行者を殺したのです。次に生まれ変わってくるあなたを恐れて、剣の林に産み落として殺そうとしました。ですから、あなたの両親は、前世と今世の二世にわたってあなたの敵です。だから父王を殺して、王位を継いでしまいなさい」

ダイバダッタはこう出生のいきさつを暴露し、アジャセを激怒させて父王殺害へと向かわせたのです。

アジャセはダイバダッタの言うままに、父を殺害しました。

しかしその後、アジャセは母イダイケから、父がどんなにか自分を愛していたかということを聞かされ、父を殺してしまった罪悪感から、病に冒《おか》されます。

アジャセは自分をそそのかしたダイバダッタを見限って、お釈迦さまに救いを求めるようになりました。こうして、ダイバダッタの計画はまたしても失敗してしまいました。


嫉妬と妬みと憎悪のとりことなったダイバダッタは、自らの手でお釈迦さまを暗殺しようと、**毒を塗った爪《つめ》でお釈迦さまを引っかき、毒殺することを企てますが、その毒が自らの体に回り、苦しみ悶《もだ》えながら死んでいった**といわれます。

これは２６００年前のインドで起きた事件ですが、現代でも、殺人事件の動機の中で最も多いのは、怒りと怨恨《えんこん》だということが政府の調査で明らかにされています。しかも、面識がない人よりも、親族や面識がある人を殺してしまうほうが圧倒的に多いそうです。

ダイバダッタも、とても優秀な人だったといわれますから、最初は、お釈迦さまを殺そうなどという考えはなかったのかもしれません。

しかし、お釈迦さまさえいなければ、お釈迦さまの得ている称賛は自分のものになっていたのにと思うと、妬みの心を抑えがたかったのでしょう。

誰かを妬み恨む心、それが身近な対象であればあるほど、強く燃え上がる。

これは誰にでもある心ですから、その心に飲み込まれないように気をつけなければなりません。

ダイバダッタの最期からもわかるように、誰かを妬んでも恨んでも、最後に傷つくのは、相手ではなく自分です。

自分を幸せにするためにも、そうした心は手放していきましょう。

999人を殺した男に向き合ったお釈迦さま

環境や状況が整うと、人間はどんなことでもしてしまいます。

『歎異抄《たんにしょう》』という仏教古典の中には、

「さるべき業縁《ごうえん》のもよおせば、いかなる振る舞いもすべし」

という一節があります。

これは、縁さえそろえば、「自分は絶対にそんなことはしない」と思うような恐ろしいことでも、してしまうのが人間だということです。


第二次大戦下、ナチス・ドイツのユダヤ人虐殺を指揮していたアイヒマンという男が、亡命して姿をくらましていましたが、戦後ついに逮捕されたとき、どんな残忍な男かと思いきや、どこにでもいる実に凡庸《ぼんよう》な男であったことは、世界を震撼《しんかん》させました。

その後の国際裁判では、この虐殺は、アイヒマン個人の残虐性が引き起こしたのか、それとも人間なら誰しも起こしうることなのかが論点になりました。

アイヒマンは、裁判の最中、終始**「私は言われた通りにやっただけです」**と言っていたそうです。

ミルグラムという社会心理学者は、人間は一切の責任を問われない状況下では、言われるがままに残虐な行為をしてしまう可能性があることを、心理実験によって示しました。このことを、アイヒマンの名を取って「アイヒマン効果」といいます。

戦争でも、平時は善良な市民が、兵士となれば容赦《ようしゃ》なく敵国民に引き金を引くようになります。どんな人も、環境次第で恐ろしい人物になる可能性を秘めているのです。

お釈迦さまの時代にも、狂った教祖に騙されて、999人を殺害してしまった青年の話があります。コーサラー国のアヒンサカという青年でした。

彼はある邪教の教祖に深く心酔《しんすい》し、そのまじめさから一番弟子として、教祖の信頼を一身に集めていました。

ところが、教祖の妻がひそかにアヒンサカに恋焦がれ、ある日、夫の留守中に彼を自室に呼び、言い寄ったのでした。まじめなアヒンサカは、とても応じられず部屋を飛び出しました。

愛が裏返って憎さ百倍となった妻は、帰宅した教祖に、「アヒンサカに暴行された」と涙ながらに訴えたのです。それを鵜呑《うの》みにした教祖は、

「おのれ、アヒンサカ。あれだけ目にかけてやったのに……ただでは殺さん、お前を最も苦しめて、この世から地獄に落としてやる」

と恐ろしい計画を考えました。

「アヒンサカよ、そなたにわしの跡を継がせたい。そのために最後の修行を積ま

ねばならぬ。大変な荒行《あらぎょう》だが、やってくれるか」

「もとより、教祖さまのおおせには無条件服従です。どんな荒行でもやります。何なりとおおせください」

と健気に答えたアヒンサカに教祖は、にやりと笑い命じました。

「よくぞ申した。**よいか、これから街に出て1000人を殺し、その小指を1000本集めて、首飾りを作るのだ**」

「……1000人を殺して、その指で首飾りを作れと……」

アヒンサカは、教祖の狂った命令に、戸惑いました。

「わしの言うことを聞けないのか?」

教祖ににじろりとにらまれ、頭が真っ白になったアヒンサカは、

「わかりました。おおせの通りにいたします」

と、この残虐な指示に従うことを決意してしまったのです。

アヒンサカは、教祖から、アングリマーラ(指の首飾り)という名前を与えら

れました。

アングリマーラは街頭に飛び出し、次々と道行く人を殺害していきました。教祖の陰謀《いんぼう》を知るよしもなく、ひたすら、切りつけていきました。

最初の数人を切ったときは大変な葛藤《かっとう》がありましたが、次第に狂気が彼の心を覆い、自分が何をしているのかもわからなくなります。返り血を浴び、真っ赤に染まった彼の姿は鬼そのものでした。

ついに999人、あと1人となったところに現われたのは、アングリマーラの母親でした。我が子の非道な行ないを聞いて、駆けつけたのです。

「息子よ、なぜこんなことを。目を覚ましておくれ」

母親の必死の叫びに一瞬ひるみましたが、もはや正気を失った彼は、剣を握りしめ、母親を切り殺そうとしました。

と、そのとき、向こうのほうから現われたのは、お釈迦さまでした。この愚かな男を救うために来られたのです。

アングリマーラは、自分に取りすがる母親を投げ捨て、お釈迦さまを切り殺そうと突進したのですが、どうしたことか、一歩も前進できません。

向こうからこちらにやってくるお釈迦さまを切り殺そうと、踏み出そうとしますが、足がまったく動かないのです。

動けずにいる彼に、お釈迦さまは静かに近づいていきます。

アングリマーラは、焦って大声で叫びました。

「坊主よ、止まれ！　俺に近づくな」

すると、お釈迦さまは、静かに、

「我は動いていない。動いているのはお前です」

とおっしゃいました。アングリマーラはわけがわからず、

「……どういうことだ。今動けないのは俺、近づいてくるのはお前ではないか」

お釈迦さまはゆっくりと近づかれながら、

「お前は邪教に騙されて、みだりに人命を奪い、心は安らかではない。

お前の心は動き通しだ。私を見なさい。真実を悟った者の心は、少しも動かな

い。アングリマーラよ、悪夢から覚めるのです」

と、アングリマーラの血で染まった両手を取り、彼の眼をじっと見つめながらおっしゃったのです。

そのとき、アングリマーラは目が覚めました。

教祖の言葉を絶対と信じ、道行く人を次々と切り殺し、そして、母親までも殺そうとした自分の鬼の姿が、まざまざと思い出されたのです。

「ああ、俺は、俺は……なんてことを……」

アングリマーラの両眼から熱い涙が流れ出し、全身から後悔の汗が噴《ふ》き出します。自分の犯した罪の恐ろしさに、全身が砕け散り、大地が引き裂かれるような思いになり、お釈迦さまの足元にひれ伏し、赤子のように泣きじゃくります。

そんなアングリマーラをお釈迦さまは抱きかかえられ、彼を弟子として引き取られたのでした。

アングリマーラをお釈迦さまが弟子として引き取られたということは、999人を殺した殺人鬼でも、正しい教えに出会うことで、変わることができると思われたからでしょう。

「人間は縁次第でどうにでもなる」ということは、これまでどんなに悪や罪を作ってきた人であっても、強く素晴らしい縁に会えば、がらりと変わるということです。

アングリマーラがこの後どうなったのか、続けてお話ししたいと思います。

どのような過去があったとしても、人は変わることができる

人間は不完全ですから、必ず過ちを犯すものです。

誰しも、思い出したくない過去の過ちが、一つか二つはあるものです。大きな過ちであればあるほど、向き合うのは苦しくつらいことですから、忘れてしまおうと心の中に押し込んだり、自分は悪くなかったのだと言い訳して、正当化しようとしたりしてしまいます。しかし、目を背《そむ》けて見ないようにするのは、根本的な解決にはなりません。

お釈迦さまは、**おのれの過ちに向き合い、心から懺悔《ざんげ》をすれば、その罪は消えるの**だと説かれています。

お釈迦さまの弟子として引き取られたアングリマーラはどうなったのでしょうか。お釈迦さまは、彼にどのように接していかれたのでしょうか。

凶暴な殺人鬼アングリマーラの噂を聞いた国王は、お釈迦さまに相談するためにやってきました。

「世尊、今、アングリマーラという賊《ぞく》が、民を恐怖に陥れております。

すでに多くの民が、この賊の手にかかって殺されたと聞きます。

捕え次第、極刑にすべきと思いますが、世尊のご意見を賜《たまわ》りたい」

お釈迦さまはそれに問い返されます。

「王よ。もし、そのアングリマーラが、私のもとで出家し、まことの悟りを求めているのなら、王はどうされますか？」

「世尊の言葉がまことなら、捕える必要はありません。それどころか尊い僧として礼拝しなければならないでしょう。しかし、奴は殺人鬼です。到底《とうてい》、出家して、善行を積もうと励んでいるはずがございません」

するとお釈迦さまは、王のそばで静かに座禅瞑想をしている一人の僧を指さし、

「これが、そのアングリマーラです」

と言われました。

王は、アングリマーラの名前を聞いただけで震え上がりました。

殺人鬼の面影は微塵《みじん》もなく、気高く安らぎに満ちた姿でしたが、家来の者に確認させると、顔かたちは間違いなく、アングリマーラ本人であることがわかりました。

王は、ごくりと唾《つば》をのみながら、

「世尊、どうかいつまでも人々を正しい道にお導きください」

と言って、お釈迦さまに深々と礼拝しその場を立ち去ったそうです。

また、弟子の中には、アングリマーラを快《こころよ》く思わない者もいました。

「お前がここにいては、世尊の評判を汚すことになる。ただちに出て行って、国法の裁きを受けるがよい」

と冷たく言う者もありました。

そのことを聞かれたお釈迦さまは、アングリマーラに、

「**もし、お前を人殺しと呼ぶ者があったら、『私は今まで一度も殺生《せっしょう》をしたことはない』と答えなさい**」

とお命じになりました。アングリマーラはこれに驚いて答えます。

「世尊、私は、出家前に999人の尊い命を奪いました」

「アングリマーラよ、それは出家前のことでしょう。

お前は、過去を深く悔いて私のもとに来たのです。それは、ここで新たな使命を得たということなのです。

『今まで一度も殺生をしたことがない』と言うことにためらいがあるのなら、『私は迷いの人生を捨て、世尊のもとで新しい命を得ました。新しい命を得てからは、故意《こい》に生き物の命を奪ったことはありません』と答えなさい」

それからアングリマーラは、他の弟子から過去をとがめられたときは、お釈迦さまの言われた通りに答えることにしました。

「私は迷いの人生を捨て、世尊のもとで新しい命を得ました」と言うたびに、過去の大罪が思い出され、世尊に会えねば、今なお人を殺し続けていたかもしれないと思うと、彼の涙は止まりません。

深い懺悔と、お釈迦さまに会えたよろこびに震えるアングリマーラの様子に、次第に他の弟子たちも何も言えなくなったといいます。

アングリマーラが町へ托鉢に出ると、彼があの殺人鬼だと気がついた者は、

「こいつは人殺しのアングリマーラだ」

「何百人もの罪もない者を殺した、憎むべき男だ！」

大声で叫びながら、アングリマーラに向かって手当たり次第に石を投げつけました。復讐心に駆られた人々のその仕打ちを、静かに耐え忍ぶアングリマーラは、傷だらけになりながら、お釈迦さまのもとに戻ってくるのでした。


ある日、瀕死《ひんし》の重傷を負《お》い、帰ってきたアングリマーラをお釈迦さまが手当てされると、アングリマーラはむせび泣きます。


「アングリマーラよ。痛いであろうが、今はただ耐え忍ぶより他ないのだよ。これは、お前が以前に犯してきた罪の報《むく》いを受けているのだから」

「はい、世尊。私が殺《あや》めた人の家族は、さぞかし私を憎んでいることでしょう。私はその人たちの大切な人の命を奪ったのに、その人たちは石を投げるだけで、

私の命を奪いはしませんでした。

この痛みの苦しみは、すべて私の過去の悪業の報いです」

痛みをじっとこらえるアングリマーラは、**すべておのれのまいたタネまきの結果であったと、苦しみを受け入れこそすれ、自分を傷つけた人たちを恨みはしませんでした。**アングリマーラの心は、この上なく静かでした。

お釈迦さまは慈愛に満ちた目で見つめられます。

それでもアングリマーラが涙を流すのは、憎しみの涙でもなければ、痛みの涙でもありませんでした。それは、救われがたい悪を犯した自分にも注がれる、お釈迦さまの慈愛への感泣《かんきゅう》の涙でした。

アングリマーラは深くお釈迦さまに合掌礼拝し、静かに息を引き取ったといわれます。

縁さえくれば、どんなことでもしてしまうのが人間です。

人間は時に大きな過ちや罪を犯してしまうことがあります。

罪や悪を犯してしまったことで、自暴自棄になり、さらなる悪を重ねてしまうこともあるでしょう。

しかし、おのれの過去や、自分自身と深く向き合い、心から反省することで、どんな人も新たな人生を再出発できることを、このお話は教えています。

5章

心深くにある「悲しみ」が癒されるお話

どんなにつらいことも、やがて移ろっていきます

私たちは無意識のうちに、目の前にあるものが、ずっと変わらず続くものだと思っています。

仲のよい友達ができると、その関係がずっと続くように思います。

若さや健康も、今の状態のまま続くと思っています。

しかし、どんなによい友人関係も、ちょっとした気持ちのすれ違いから疎遠《そえん》になることがありますし、いつまでも若いと思っていても、鏡を前にしたときに白髪やシワを発見してドキッとします。

ずっと変わらずに続いてほしいと思っていても、やがては変わっていくもので

す。

お釈迦さまは、**目の前にあるものは、一時的にそういう姿をしている仮初《かりそめ》の姿で、すべては移り変わっていくのだ**と教えていかれました。

たとえば恋人がいる人は、その相手を「私の恋人」だと思いますが、「恋人」という変わらないものがあるわけではありません。

相手と自分がお互いに好きだという関係の中で、今しばらくの間、恋人になっているのです。

相手が心変わりすれば、恋人ではなくなりますし、自分も心変わりすれば、恋人ではなくなります。一時的なものであり、お互いの関係によって変化していきます。

しかし、付き合い始めてしばらく経つと、今の関係が変わらず続いていくものと思い込み、「私の彼氏」、「おれの彼女」としがみつく心が出てきます。

そのため相手が自分のもとを去っていくと、裏切られたと落ち込み、あの人に恋人を取られたと苦しみます。

しかし、お釈迦さまの教えに照らせば、「恋人」というものがあるわけではなく、お互いの関係の中でしばらくの間、恋人だっただけだと知らされ、

「お互いの気持ちが変わってしまったのだな。そして、人の心は変わっていくものだから、嘆いても仕方がない」

と、悲しみを冷静に受け入れることができるのではないでしょうか。

すべては仮初の姿、これを「**諸法無我**《しょほうむが》」といいます。

少し難しくなるかもしれませんが、説明したいと思います。

諸法無我とは、すべての物事は因と縁が結びついて生じており、因縁が離れたなら、また別の姿に変化していくので、固定不変ではないということです。

このことをわかりやすく教えた歌に、次のようなものがあります。

「引き寄せて　結べば草の　庵《いお》にて　解《と》くれば元の　野原なりけり」

枯草《かれくさ》を紐《ひも》で縛って組み合わせ、雨風をしのぐ小屋（庵）を作りました。ところが結んでいた紐をほどくと、バラバラになり、何もない野原になりました。さて、今まであった庵はどこにいったのでしょうかという歌です。

私たちは小屋が目の前にあると、「小屋がここにある」と思うでしょう。

しかし、「小屋」という変わらない何かがあるわけでなく、木や草と紐が組み合わさっているものを「小屋がある」と思い込んでいるに過ぎないのです。

紐をほどけば、そこには、バラバラになった草と木しかありません。

私たちが「ある」と思っているものは、すべて因縁が結びついた結果として、そのときそのような姿をしているだけであって、固定不変の実体はないのだというのが無我ということです。

このことに気づくと、「小屋が壊れたのだ」ではなくて、「しばらくの間、小屋だったが、因縁が離れてバラバラになったのだ」とわかります。

人間関係も同じで、友達、恋人、夫婦といってもその関係がいつまでも変わらず、続くわけではありません。

お互いが好きだからと言って、必ずしもずっと一緒にいられるわけではありません。

仕事やお互いの家庭など、さまざまな事情から別れざるをえないこともあるし、事故や病気で死に別れることもあります。

『歎異抄』という仏教の古典には、

「つくべき縁あればともない、離るべき縁あれば離る」

という一節があります。

一緒にいる縁がある間は、ともにいることができるが、離れるべき縁がくれば、別れていかなければならないという意味です。

どれほど大事な人、好きな人とも、縁がある間しか一緒にはいられません。

このことを深く知れば、今、友達でいること、恋人でいること、夫婦でいることと、親子でいることの有り難さが知らされ、今この瞬間を大切に思えるのではないでしょうか。

受け入れがたい悲しみと、無理に向き合わなくてもいい

人生には、大切な人との別れや大きな挫《ざ》折《せつ》など、受け入れがたい悲しみや苦しみがあります。

つらい出来事と向き合い、乗り越えていかねばならないとわかっていても、それを認めることができず、ずっと引きずってしまうこともあるでしょう。

お釈迦さまのもとにも、さまざまな苦しみや悩みを抱える人がありました。

そういう人たちに、お釈迦さまは無理に苦しみと向き合うことを勧めはされず、**本人が自分で気がついて受け入れることができるように導いていかれた**のです。

キサーゴータミーという女性は、不幸なことに、我が子をかわいいさかりで突

然亡くしてしまいました。彼女は悲しみに打ちひしがれ、気も狂わんばかりに泣き叫びました。

「誰か、坊やを……坊やを助けてください」

誰が見ても、その子は息絶えていることがわかりましたが、キサーゴータミーは、とても自分の子供が死んだという事実を認めることができません。

「この子を、どうか助けてください」

鬼気《きき》迫《せま》る必死の形相《ぎょうそう》で、キサーゴータミーは行きかう人々に、誰かれとなくすがりつきました。町の人は、その哀《あわ》れさに涙を流しましたが、死者を生き返らせることなどできるはずがありません。

見るに見かねたある人が、彼女に言いました。

「隣町にお釈迦さまが来ておられます。お釈迦さまのもとに行かれるがよい」

早速、キサーゴータミーはお釈迦さまを訪ね、泣く泣く事情を訴え、子供の生き返る法を求めました。

お釈迦さまは、子供の亡骸《なきがら》を抱き取られ、彼女にやさしくこう言われました。

「この子を生き返らせたいのなら、私の言う通りにしなさい。

これから町へ行って、今まで死人の出たことのない家から、ケシの実を一粒もらってくるのです。すぐにも子供を生き返らせてあげよう」


キサーゴータミーは、ただただ夢中で駆け続け、目についた家からしらみつぶしに訪ねました。ドンドンと強く扉を叩きます。

「ごめんください、ケシの実をもらえませんか。この家で亡くなった人が出たことはありませんね」

「昨年、父が死にました」

と出てきた男性が言いました。別の家の扉を叩きます。

「ケシの実をください。お宅で死人を出したことありませんね」

「いいえ、夫が今年、亡くなったばかりですよ」

と、今度は老女が答えました。

「お宅で死んだ人はありませんよね」

悲しげな表情で出てきた若い女性は、

「実はついこの間、子供を亡くしました」

と涙ながらに語りました。


次々と訪ねては聞いていきます。どの家にもケシの実はありましたが、死人を出したことのない家は、一軒としてありませんでした。

やがて日も暮れ、夕闇が街を包む頃、一軒残らず回りつくしたキサーゴータミーは、

「ああ、死人を出したことのない家などどこにもなかった。人は必ず死んでいかねばならないのだ……ということは、あの子も死んでしまったのだ」

そこで初めて、我が子が死んでしまったことに気がついたのです。押し込めていた悲しみがこみあげて、両眼から涙が溢れ出しました。

トボトボとお釈迦さまのもとへ戻ると、お釈迦さまは、彼女の帰りをずっと待っておられました。

「キサーゴータミーよ、ケシの実は得られましたか」

「お釈迦さま、死人の出たことのない家はどこにもありませんでした……私の子供も死んだことが、ようやく知らされました」

「キサーゴータミー。人は皆死ぬのです。お前の子供だけではない、お前もやがて死んでいかねばならないのですよ。まるで洪水が突然、木々や岩石を押し流していくように、私たちは死という苦しみの海に突然、投げ込まれるのです」


お釈迦さまは静かに、諸行無常の真理を説かれました。

諸行とは「すべてのもの」ということです。無常とは「続かない、変わり通しである」ということです。

キサーゴータミーは、無常は我が子の命だけではない、自分もやがて死んでいかねばならないことを深く知らされ、その場でお釈迦さまの弟子になりました。

「人はやがて死んでいく、誰もそれをまぬがれることはできない」……このことは不変の真理です。しかし、それが我が子や我が身に降りかかったとき、とても受け入れることができないものです。

お釈迦さまは、キサーゴータミーに「お前の子供は死んだのだ」ということは一言もおっしゃいませんでした。今まで一人も死人を出したことのない家のケシの実を探させることで、彼女自身が気づくように導かれたのです。

大きな苦しみや悲しみは、頭でわかったとしても、心ではとても受け入れることができないことがあります。

それを受け入れ認めるまでには、一人ひとりに必要な道程があるのでしょう。急がない、焦らない。それを自然に受け入れられるようになるまで、じっと待つことも大事です。

人生は、どれだけ長く生きたかではなく、どれだけ真摯に生きたか

我が子を亡くしたキサーゴータミーの出家後に、次のような話が残っています。

ある日、出家したキサーゴータミーにお堂の灯《ひ》をともす役目が回ってきました。

灯はたくさんあり、すべてに炎をともすには結構な時間がかかりました。

ともし終えたキサーゴータミーは、ゆらめく炎を眺めながら思いました。


この炎には激しく燃えるものもあれば、今にも消えそうなものもある。

同じように、この世には私の子供のように、生まれてすぐに死んでしまう者もあれば、長らく生き続ける者もいる。

しかし、いずれも愛欲や怒りや憎しみの炎におのれを焼いて、苦しんでいるこ

とに変わりない。

苦しみの原因を見極め、苦しみの炎を消し去った者には、どれだけ長く生きられるかということや、死ということそのものがもはや、問題にならないのではないか。

このようなキサーゴータミーの心を見通されお釈迦さまは、おっしゃいました。

「キサーゴータミーよ、その通りです。

生きている者の命には、さかんに燃え続けるものと、すぐに消え失せてしまうものとがあります。

しかし、**たとえわずかな間しか生きなくても、まことの安らぎの境地を得た者の人生は、安らぎの境地を知らずに100年生きた者の人生よりも、はるかに優れているのです**」

キサーゴータミーはこのお釈迦さまの教えを聞き、悟りをひらいたといわれます。

短い一生を精いっぱい生き抜いた人、誰かのために一生懸命頑張った人の人生は、たとえ短くても輝いているはずです。

逆に、毎日をなんとなく費《つい》やし、なんとなく生きているとしたなら、仮に長く生きられたとしても、その人生は薄っぺらなものになってしまうのではないでしょうか。

その人の人生の価値とは、どれだけ長く生きたかではありません。どれだけ真摯《しんし》に生きたかです。

真剣に生きた1日は、なんとなく過ごした100日に勝るものです。

蓮の花が、泥の中から美しい花を咲かせるように

お釈迦さまをはじめとした仏さまのお姿は、蓮《はす》の花の上に座っていたり、立っていたりといった姿としてよく描かれます。

蓮の花は、その性質が仏さまの慈悲を表わしているとされる花です。

慈悲とは、人々の苦しみを抜いて、安楽な心にしてやりたいという心のことですが、その心と蓮の花にどのような関係があるのでしょうか。

蓮の花は、泥田《どろた》の中に咲く花です。

東京・上野公園の不忍池《しのばずのいけ》などを見るとわかるように、蓮の花が咲くところは、綺麗に澄《す》んだ清流や湖ではなく、濁《にご》った泥水の中です。泥田の中にありながら、

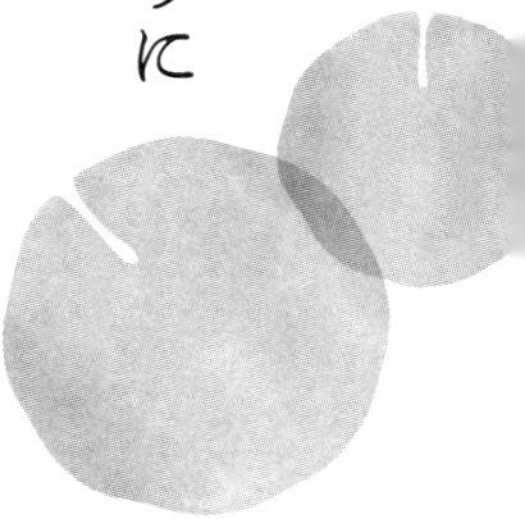

花は泥にはまったく染まらず、美しい花を咲かせます。

「仏の慈悲は、苦あるものに偏《ひとえ》に重し」といわれます。

これは、**綺麗に澄んだ清水に住む人よりも、欲にまみれ怒りや恨みで苦しみ、泥水をすすっている人にこそ、仏さまの慈悲は強くかかっている**ということです。

岸辺で戯《たわむ》れている子供たちなら、親は心配せず見守っていることができますが、沖に流されて溺れて苦しんでいる子供は、ほおっておけません。今すぐ、自分も海に飛び込んで、助けに行かねばなりません。

泥水をすすり苦しんでいる人の心にこそ、まことの幸せの花を咲かせてやりたいというのが、仏さまの願いであり、目的です。

泥田の中にこそ美しい花を咲かせる蓮の花は、そうした仏さまの慈悲の心を表わした花です。

この本を読んでいる方の中には、傷つき、落ち込み、自分に自信をなくしてしまって、途方に暮れている人もあるでしょう。

あるいは、自分の弱さや醜さに気づき自己嫌悪に落ち込んで、消えてしまいたいと思っている人もいるかもしれません。

これまでのお釈迦さまとお弟子たちとのエピソードの中には、厳しい差別に苦しんだ人、欲や怒りで自分の愚かさに気がつけずにいた人、純粋すぎたために多くの人を殺してしまった人がありました。

そうした人々に分け隔てなく向き合い、導いていかれたのが、お釈迦さまであることをお伝えしてきました。

その仏の心は、今苦しみ悩んでいるあなたにこそ、強くかかっていることを、どうか忘れないでください。

私たちは、大きなつながりの中に生きている

お釈迦さまは、**すべての物事は、つながりの中で成り立っており、孤立しているものは一つもない**と説かれました。

これを「縁起《えんぎ》」といいます。

どんな人もわかり合えない孤独や寂しさを抱えているかもしれませんが、孤立しているかというとそうではありません。

私たちが生きているということには、さまざまな人とのつながりや、支えがあります。

両親がいなければ、この世に生まれることはできませんでした。

祖父母や兄弟、友人、学校の先生など、私たちが今日まで成長し、生きてきた中には、無数の人々のつながりや、支えがあったことは間違いないはずです。

また、大地や大気、自然の恵みを得て、私たちの命はつながっています。何一つ欠けても、私たちが今ここにいることはなかったでしょう。

わかり合えない寂しさは抱えていますが、孤立している人は一人もなく、皆さまざまなつながりの中に生きているのです。

求めすぎると、そうした支えやつながりに気がつかなくなります。「してくれないこと」ばかりに目が行って、自分は誰からも愛されていないと孤独になります。

目を閉じ、心を落ち着け、あなたに届いているつながりや支えを振り返ってみてください。

きっとあなたには無数のつながりがあり、そこから、さまざまなやさしさが届けられていることに気がつくはずです。

お釈迦さまの生涯

生まれてすぐに「天上天下唯我独尊」と言った理由

お釈迦さまは約2600年前、インドのカピラ城に住んでいたスッドーダナ王という王様と、マーヤー夫人というお妃の間に生まれられました。
4月8日、ルンビニー園という花園でお生まれになったので、お釈迦さまの誕生日を今日《こんにち》「花祭り」といって祝っています。

お釈迦さまがお生まれになったとき、こんなエピソードが残っています。
おぎゃあと生まれたばかりのお釈迦さまは、その場ですっと立ち上がられ、東西南北に7歩ずつ歩かれ、右手で天を、左手で地を指さして、**「天上天下唯我独尊《てんじょうてんげゆいがどくそん》」**とおっしゃいました。

「天上天下唯我独尊」という言葉は、聞いたことがあるかもしれません。

この言葉について「天にも地にも、私だけが偉い」という意味だと思われている方が多いかもしれませんが、そうではありません。この言葉は、お釈迦さまご自身がこの世にやってきた目的を表わされたものなのです。

少し、この言葉について説明しましょう。

天上天下というのは、「**天の上にも天の下にも**」ということで、この大宇宙ということです。

大宇宙は実に広いもの。理科の授業で教わった天《あま》の川《がわ》は銀河系といい、太

陽のような自ら光を発する恒星《こうせい》が２０００億個集まって、川のように見えています。その銀河系が大宇宙にはさらに何千億個もあるといわれていますから、宇宙というのは本当に広いのです。

そして唯我独尊とは、**「我々、一人ひとりに、たった一つの尊い使命がある」**ということです。

「この広い大宇宙を前にして、私たち一人ひとりに、たった一つの尊い使命があるのだ。それを伝えにやってきたのだ」

というお釈迦さまのお気持ちが、お生まれになってすぐ「天上天下唯我独尊」とおっしゃったというお話となって伝わっています。

「そんな、広い宇宙を前にして、一人ひとりに尊い使命があるなんて本当だろうか?」と思われるかもしれません。こんな大変な人生、何の意味もない、生まれてくるんじゃなかったと嘆いている人もいることでしょう。

でも、それは私たちが尊い使命を持って生まれてきたことを知らないからだ、それを私はこれから伝えていくのだよというお気持ちで、お釈迦さまはおっしゃったのです。


それではなぜ、生まれてすぐに東西南北に7歩ずつ歩かれたのでしょうか？

この7という数字は、6に1を足した7です。ここでの7という数字は**「六道《ろくどう》から抜け出す」**ということを意味しています。

仏教でいう「六道」とは、迷いや苦しみの果てしない旅ということです。

苦しみや悩みに満ちた果てしない旅を抜け出し、一人ひとりが本当の安心を得て満足の身になるために、この世に生まれてきたのだよということを表わすために、お釈迦さまは東西南北に7歩ずつ歩かれたといわれています。


どんな人も、苦しむために生まれてきたのではありません。

幸せになるために生まれてきたのです。

そして、どんな人の命も、幸せになることができる命なのです。

それでは、お釈迦さまご自身はどのような生涯を送り、何を悟られたのでしょうか。

この章では、お釈迦さまのご生涯を紹介したいと思います。

王となれば最高の王に、出家するならば仏陀に

生まれたばかりのお釈迦さまは、シッダルタ太子と名付けられました。

実のお母さんであるマーヤー夫人は、太子を出産された後、一週間後に亡くなったといわれます。

最愛の妻、マーヤーを失ったスッドーダナ王は、悲嘆に暮れました。

残された我が子、シッダルタの将来を思うと、何とか立派な王様にして自分の跡を継がせたいと思い、当時有名だった修行者に、太子の未来を占わせたのです（お釈迦さま以前にも、悟りを求めて修行している人がいました）。

ところが太子を一目見た修行者は、その場で泣き出しました。

王は、何事かと激怒しました。すると修行者はこう言います。

「私は、太子の将来を哀《あわ》れに思って涙したのではありません。自分の身の不幸が悲しくて涙したのです」

どういうことかと尋ねる王に、修行者は答えます。

「この方は只人《ただびと》ではありません。王位を継承されれば、転輪王《てんりんおう》（世界を武力を使わず、平和に治めることができる王のこと）となられましょう。出家され、真実を求めるなら、無上の悟りをひらかれる仏陀（ブッダ）となられるお方であります。

しかも私には、転輪王よりもブッダとなられるように思います。

しかし、太子様が出家して悟りをひらき、ブッダとなられる頃には、年老いた私はすでに寿命が尽き、この世におりません。真理を求めて修行者となったのに、ブッダの教えに会えないと思うと残念で、思わず涙を流したのであります」

この弁明を聞いて、スッドーダナ王は大変満足し、

「よし、この子を転輪王といわれるような立派な王様に育てよう。決して、出家

なんかさせるものか」

と思い、幼い太子に英才教育を施すことにしたのです。

華やかな王宮で、虚しさをつのらせる

スッドーダナ王は、シッダルタ太子を立派な王様にするために、国一番の先生を家庭教師につけました。ところがしばらくすると、

「王様、太子はあまりにも優秀すぎて、教えることがなくなってしまいました。最近では、私が答えられない質問もしてこられます。このままだと、子供の質問にも答えることができないと私の名声が廃《すた》れてしまいます。どうか辞めさせてください」

と辞表を出してきました。

このように、天才的な才能を持って生まれた太子でしたが、いつも物思いにふけり、悩みがちで、父王はそんな太子を心配そうに見守るのでした。

ある年の収穫祭のときでした。一年の実りを国民が皆で祝うお祭りです。

華やかに飾られた街路は、花の香りでかぐわしく、やわらかな日差しと涼しいそよ風の中、国民は、王様と太子の乗った車が通るのを今か今かと待っていました。

そこに、王と太子が乗った車が通ると、「王様、万歳！　太子様、万歳！」と拍手喝采《かっさい》です。スッドーダナ王は、誇らしげに太子に言います。

「いいか、この国の者は皆、お前の将来に期待している。私はお前にこの国のすべてを譲るつもりだ。だから、お父さんを超える立派な王様になるんだよ」

シッダルタ太子が、浮かない顔をして遠くを見つめていると、木の枝の上を這《は》っている虫を、小鳥がついばんでいきました。そして次の瞬間、虫をついばんで大空に飛び立った小鳥を鷲《わし》がガツリとつかんだのでした。

太子は、思わず息をのみ、つぶやきました。

「ああ、弱肉強食の世の中だ」

そして、拍手喝采する国民を見渡しました。

「私はこの人たちが毎日、汗水たらして田畑を耕《たがや》し作ったものを、ただ食べているだけだ。何不自由ない贅沢な暮らしも、この人たちの犠牲《ぎせい》の上に成り立っている。多くの人の犠牲の上に立つ王様になることが、どうしてそんなにすごいことなのだろうか？」

太子はどうしても父の後を継ぐ気にはなれませんでした。

城の「四つの門」を出て苦悩、出家を志す

シッダルタ太子が考えにふけっている姿に、王はとても心配になりました。

このままでは、修行者の予言の通り、出家してしまうのではないだろうか？

そう案じた王は、若く美しい男女に太子の身の回りの世話をさせ、かぐわしい香りの中で音楽を奏《かな》でて、太子が悩むようなことは一切、周りから遠ざけたのです。

ところがある日、太子がカピラ城の東の門を出られたときのことです。目はくぼみ、髪は白く抜け落ち、枯《か》れ木のような体で、杖《つえ》にすがってヨロヨロと歩く者を太子は見たのです。

あまりの異形《いぎょう》に太子は驚き、従者に聞きました。

「あれは一体、なんだ」

「あれは老人です。人は年老いていきます。どんな人も、やがてあのような姿になっていかねばなりません」

「それはまことか。私もやがてあのような姿になるのか？」

「はい、太子様とて例外ではありません」

「ああ、どんなに今は若く美しくても、やがてあのように歩くのもままならなくなるのか」

太子は初めて、人生に老いの苦しみがあることを知ったのでした。

次に太子は、老人と出会うことを避けるため、南の門から城を出ました。

すると今度は、道端で倒れ込み、呻《うめ》き苦しんでいる人を見たのです。

「あの人はなぜ、あんなに苦しんでいるのだ？」

「太子様、あれは病人でございます。人は病の器といいますように、どんな人もちょっとしたことで病にかかり、苦しまなければなりません」

「私もあの人のように、病で苦しむことがあるのか？」

「はい、太子様とて例外ではありません」

「今、どんなに元気で健康といっても、やがて病に蝕《むしば》まれることがあるのか」

太子は初めて、人生に病の苦しみがあることを知ったのでした。

次に城を出るとき、老人や病人に出会うことを避けるため、太子は西の門から出られました。

すると、向こうのほうから棺《ひつぎ》をかついだ一行が、行列を作って歩いてきます。

太子は馬に乗ってその行列に近づき、棺の中を覗《のぞ》き込むと、そこには、青白い顔をしてピクリとも動かず、横たわっている人がいました。

それはこれまで見た老人よりも病人よりも、もっと異様なものでした。

後をついてきた従者に尋ねます。

「……あの人は一体、どうしてしまったのだ」

「太子様……あれは死人《しにん》でございます」

「死人……」

「人は必ず、死んでいかねばなりません。死ねばあのように、ピクリとも動かなくなってしまいます。肉体は腐《くさ》っていきますから、焼いて灰にしなければなりません。あれは、死んだ人と最後の別れの式をしているのです」

「死ぬ、すべてとの別れ……私もやがてあの者のように死んで、すべてと別れるときがあるのか？」

「はい、太子様とて例外ではありません」

太子はこのとき、人は必ず死ぬこと、死ねばすべてのものと別れていかねばならないことを深く知ったのでした。

太子がカピラ城に戻ると、若く元気で美しい給仕たちが太子を出迎えました。贅沢な料理や、美しい舞や音楽で、皆が太子をよろこばせようとするのですが、太子には、それはもう楽しいものではありませんでした。

ああ、あの若く元気な人たちも、やがて老い、病み、死んでいくときがくる。

そして、自分にも老いや病の苦しみがやってくる。

そして、死んでいくときには、すべてと別れていかねばならない。

東・南・西の門で出会った老人・病人・死人の姿が頭から離れず、太子は深く悩むのでした。

そしてある日、北の門から城を出たときのことです。

髪をそり、みすぼらしい布をまとった数人が、木の下に静かに座って瞑想をしているのです。

太子は従者に尋ねます。

「あの人たちは一体、何をしているんだ」

「太子様、あれは修行者でございます。彼らは、老いや病や死によってすべてのものが滅びる中に、滅ばぬ真理を求めて、日夜、修行に励んでおります」

（修行者というと仏教の修行僧を思い浮かべるかもしれませんが、当時のインドにはバラモン教の修行者が数多くあり、その修行の目的は「究極の真理を悟ること」でした）

「老いや病や死によっても滅びない真理？　そんなものはあるのか？」

「それは私にはわかりません。それを悟った者をブッダというそうでございます。彼らは財産や、名声、家族などすべてを捨てて、その真理を求めている者たちです」

　太子はそれを聞いて思いました。

「人は老い、病み、死んでいかねばならない。だとしたら、私が本当に求めるべきことは、老いや病や死を超えた、変わらない何かではないだろうか」

　そして、いつか城を出て、あの修行者のように変わらぬ真理を求めたいという強い心が起きていたのでした。

ヤショダラ姫との結婚

父スッドーダナ王は、太子が成長するたびに暗く物思いにふける姿を見て、心配でなりませんでした。ことあるごとに縁談をもちかけるのですが、太子はどんな良家の娘にも興味を示しません。

シッダルタ太子も16歳になりました。

このままでは、城を出て出家してしまう日もそう遠くはない——そう思ったスッドーダナ王は、太子を国につなぎとめておくために、こんなおふれを出しました。

「これから7日間、我が子、シッダルタ太子の妃を募集する。太子の妃となることを希望する者は、城に来るように」

これを聞いた国の諸侯たちは、我が娘を何とか太子の妃にしたいと、きらびやかな衣装と宝石で娘たちを着飾らせてやってきたのです。

太子は、自分は誰とも結婚するつもりがないので、せっかく来てもらっても気の毒だと思いました。せめてものお詫びにと、やってきた娘たちのために、贈り物を用意しておきました。

さて、太子のお妃のコンテストが始まりました。

王子の座に座る太子を前に、一人ひとり、美しく着飾った女性が自己紹介をしていきます。

ある娘は舞を舞って見せたり、歌を歌ってみたりと、少しでも太子の気を引こうと一生懸命でした。太子は、彼女たちを傷つけないように、一人ひとりに「僕はまだ結婚するつもりがないんだ。今日は来てくれてありがとう。記念にこれを受け取ってほしい」と、贈り物を渡して帰らせるのでした。

夕方になり、最後の応募者に贈り物を渡したときです。

一人の娘が、「太子様、私もぜひお願いします」とやってきました。

その娘は、とても美しい娘でしたが、他の人のようにきらびやかに着飾ってはおらず素朴《そぼく》な姿だったので、太子は、村の娘が贈り物がもらえると聞いて駆け付けたのだろうと思いましたが、贈り物はもう残っていませんでした。

「せっかく来てもらって悪いのだが、君に渡すプレゼントがなくなってしまったんだ。代わりに、僕の体を飾っている宝石を、どれでも一つ君にあげるよ」

するとその娘は、こう言うのです。

「太子様、私は太子様から、私の体を飾る宝石をいただきたくて来たのではありません」

「では、なぜ来たのかな？」

「私は、太子の心を優しさや愛情で飾って差し上げたいと思って参りました」

「君は、僕の心を優しさや愛情で飾ってくれるというのか？」

思いがけない娘の返答に太子は少し戸惑い、しばらく考え、そして尋ねたのです。

「君の名は？」

「はい、私はコーリヤ族のスプラブッダ王の娘、ヤショダラと申します」

太子とヤショダラ姫の結婚が報じられたのは、その後まもなくでした。

わが子ラーフラ（束縛する者）の誕生

ヤショダラ姫と結婚した太子は、しばらくの間、明るくなったといわれます。しかし、新鮮だった新婚生活も、日を追うごとに色あせ、次第に退屈なものになっていきました。

太子の気持ちを少しでも城につなぎとめようと、ヤショダラ姫はけなげに努めるのですが、太子は浮かない顔をして、窓からじっと城の外を眺めるのでした。

太子の心中はこのようなものだったのでしょう。

「こうもしている間に、年老いて、寿命が尽きようとしている。愛する妻との生活は楽しいが、そこに埋没《まいぼつ》して、このまま時を過ごしていいものか？　やはり今、城を出て、真実を求めるべきではないだろうか？」

自分の気持ちを察して、けなげに尽くすヤショダラに、とても「今すぐ城を出て出家したい」とも言えず、どうしようかと悶々《もんもん》と悩んでいたのでしょう。

そんな中、ヤショダラ姫が身ごもったことがわかりました。

子供が生まれたとあっては、簡単に城を捨てて出家することはできません。

シッダルタ太子の心はますます重くなっていきます。

そして、わが子が誕生したとき、シッダルタ太子は、こうつぶやいたといわれます。「**ああ、ラーフラが生まれた**」と。

ラーフラとは、当時のインドの言葉で、「束縛《そくばく》する者」という意味です。

これは、太子にとって自分をこの城に束縛する者が現われたということです。

これをきっかけに、その子は、ラーフラと名付けられました。

生まれたわが子に「束縛する者」と名付けてしまったのは、真実を求め城を出ようとしている矢先、とどまらざるをえなくなった太子の葛藤と苦悩の表われだと思います。

真夜中、星が輝く下、城を出る

ある日、シッダルタ太子は、父王に願い出ました。

「お父さん、城を出て、まことの幸せを求めさせてください」

王はその願いを聞き入れようとはしません。

「一体、何が不足でそんなことを言うのか？　願いがあるのなら言ってみなさい」

「私には三つの願いがあります」

「三つの願いとは何か？」

「一つ目の願いは、いつまでも今の若さのままで年老いない身になることです。二つ目の願いは、いつも元気で病気で苦しむことがないことです。三つ目の願いは、死なない身になることです」

それを聞いたスッドーダナ王は、

「そんな者になれるものか！　馬鹿なことを言うものではない」

とあきれ返って立ち去ったといいます。

太子の出家の決意はますます固まっていきました。

ヤショダラ姫と結婚して十数年が経ち、太子が29歳になったときのことです。太子を城に引きとめるために、毎日華やかな宴《うたげ》がもよおされていましたが、それは太子の虚しさを一層深めることにしかなりませんでした。

ある晩、太子はいつものように床につきましたが、夜中ふと目を覚ましました。目がさえて眠ろうにも眠ることができず、床を出ました。

手元のランプに明かりをともし、シーンと静まり返った城内を歩いていると、目の前には先ほどまで美しく着飾り、かぐわしい香りを帯《お》びて舞を舞っていた女官たちが、目も当てられないだらしない姿で、あちこちに寝っ転がっているのです。太子は、その姿を見て愕然《がくぜん》とし、

「私は騙されていた。昼間の美しい姿は見せかけで、人間とは皆このようなものなのだ。どんな美しく着飾っても、どんなに綺麗に装っていても、それは見かけのことなのだ。その見かけの美しさに私は騙されていた。もうこんな虚飾の中には、一時《いっとき》たりともいることはできない」

城を抜け出すときは今しかないと決意したのでした。

城全体が寝静まりかえっているような静寂《せいじゃく》の中、庭園に出ると、夜空には満天の星星が輝いていました。

太子は、馬小屋のほうに行き、馬引きのチャンナを呼びました。

「チャンナ、チャンナ」

チャンナは、目をこすりながら眠そうに起き上がります。

「あれ、太子様、どうしてこんなところに」

「実は、お前に最後の頼みがあってやってきたのだ。私の愛馬、カンタカを連れてきてくれ。そして、私を城から遠く離れた町まで、連れ出してほしいのだ」

「とうとう出家なさるのですね」

太子の深い決意をくみ取ったチャンナは、カンタカを馬小屋から連れ出し、太子を乗せ、馬を引いて城の外まで太子を連れ出しました。

カンタカの足は速く、物音一つしない真夜中の道を、まるで流星のような速さで駆け抜けるのです。東から登ってきた朝日が大地を赤く染める頃には、太子たちは隣の町まで来ていました。

太子が馬を降りると、チャンナは涙ながらに、

「太子様、本当によいのでしょうか。私はとても悪いことをしている気がしてなりません。もし、太子様が城を出られたことを知ったら、お父様は、ヤショダラ様は……どんなに悲しまれるでしょうか？」

と訴えます。愛馬カンタカも、大きな瞳からボロボロと涙を流します。

しかし、シッダルタ太子は持参していた短刀で髪をバッサリ切り、

「くれぐれも、父上たちによろしく伝えてくれ、私には何も悔いはない」

と言い、体につけていたすべての飾り物をチャンナに与えたのです。


道中、出会った理髪師に頭をそってもらい、さらに自分のきらびやかな着物を、猟師の着ていた粗末な衣と交換してもらいました。

シッダルタ太子の姿には、一国の王子の面影はどこにもありませんでした。

太子の真実を求める旅が始まったのです。

肉体を追い詰めた、6年間の苦しい修行

シッダルタ太子が城を出た当時、二人の有名な修行者がいました。

太子は最初、この二人を訪ねて教えを請《こ》いましたが、しばらくすると、その教

えをすべて理解してしまいました。二人の師匠の教えは、太子を満足させるものではなかったので、まもなく二人のもとを去りました。

太子は、ウルベーラーという村のそばにある静かな林を修行の地に選びました。太子の選んだ林は、気候は穏やかで人が訪ねることもなく、毒を持つ虫もなく、心を集中させるにはとても適したところでした。

太子はそこで、徹底的に肉体を追い詰める苦行をすることで悟りを得ようとしました。小豆、大豆、ひえ、アワなどを1日1粒だけ食し、苦行に打ち込んだのです。

太子の出城を知ったカピラ城は、大変な悲しみに包まれていました。

ヤショダラ姫は泣き崩れ、悲しみのあまり、寝込んでしまいました。

父・スッドーダナ王は、一晩で何十年も年老いたようでありました。

太子の周りに仕えていた従者も皆、悲しみに打ちひしがれていました。

スッドーダナ王は、長い沈黙の後、

「ああ、来るべきときが来てしまったのか……しかし、太子一人では身の上が心配だ。誰か、太子のそばでともに修行してくれる者はいないか？」

と問いかけると、5人の家来が手を上げ、ただちに太子の後を追ったのです。

この5人は太子に追いつき、城に戻るよう説得を試みましたが、太子の決意はびくともしないので、あきらめ、その場で一緒に修行をすることにしました。


それから6年間の歳月が経ちました。

王のやつれ切った姿を見るに見かねて、大臣の子であり太子の幼馴染であったカルダーインが、申し出ました。

「王様のお嘆きをとても黙って見てはおれません。太子様は、必ず元気で修行なさっておられることと思います。私が行方を探し当てて、王様のお気持ちを伝えて参ります」

王は身を乗り出し、カルダーインの手を固く握って「カルダーインよ、太子を連れ戻してくれ」と頼みます。

「わかりました。太子を連れ戻すことができるまでは、私はカピラ城には戻りません。ご安心ください」

と固く王に約束しました。


こうして、カピラ城を出たカルダーインは、ほうぼうを訪ね歩き、ウルベーラにたどり着きました。

「あの林の奥で大苦行をしている修行者が、きっとお尋ねの方でしょう」

村人の言葉を頼りに、カルダーインが苦行林にたどり着くと、5人の修行者が並んで座っていました。カルダーインは、

「シッダルタ太子は、今、どこにいらっしゃるのですか？　私はスッドーダナ王の使いの者です。太子に『あなたの父上の使いの者が来て、会いたいと申しております』と伝えていただけないでしょうか」

と頼むと、修行者たちは、

「それは無理だ、太子の修行は6年に及び、その間、一度も望郷の思いを抱いたことはない。どうしてもと言うのなら、あなたが直接行って伝えたらよかろう」

と言うのでした。

そこでカルダーインは、教えられた道を通り、林の中に入っていくと、

「太子さま、なんというお姿に……」

太子の姿を見つけて思わず、大声をあげて泣き出したのです。

シッダルタ太子の姿は、カルダーインの知っている元気で若々しい姿とはまったく変わっていて、まるでホコリにまみれた枯れ木か、ミイラの置物のようでした。

「ああ……たとえ太子を城に連れ帰ったとしても、こんなお姿をとても父王にはお見せできない」

むせび泣くカルダーインに、シッダルタ太子は何かささやきました。

あまりに弱々しいかすかな声なので、カルダーインは心を静め集中しないと聞き取れませんでした。

(誰だ……そこで泣いているのは)

「太子様、子供の頃に一緒に遊んだカルダーインです。あなたの父上もヤショダラ姫やご子息ラーフラさまも、あなたが城を出てから、悲痛な毎日を送っておられます。どうか、一度でもよいので城にお戻りいただけないでしょうか」

(カルダーインよ、もし、私がカピラ城の門をくぐることがあるとすれば、それは修行の最中に私の命が尽きたそのときだけだ)

太子の声は、星の光のようにかすかでありましたが、まるでカルダーインの心に直接届いているかのように、はっきりと聞き取れました。

(カルダーインよ、私はまだ悟りをひらけずにいる。しかし、決して望みを捨ててはいない。この私を妨《さまた》げることは誰もできない。さあ城に帰りなさい)

枯れ木の置物のような太子から発せられるかすかな声には、大地を揺《ゆ》るがすほどの強い意志が込められており、カルダーインは返す言葉もなく、その場を立ち去るしかありませんでした。

とはいえ、スッドーダナ王にこの太子の様子を伝えることは忍びなく、連れ戻すまでは決して帰らないと約束した手前、城に帰ることもできず、仕方なく、近くの村に滞在して太子を見守ることにしたのです。

ついに苦行を捨てたシッダルタ

カルダーインが去った後、太子は、城を出てからの6年間を静かに振り返りました。

これまで、数多くの修行者が悟りを求めて苦行をしてきたが、体と心を痛めたに過ぎなかった。それは苦行が足りないからだと考えて、これまで誰もできなかった難行苦行を自らに課してきた。

しかし、どれだけ厳しい苦行を行なっても、老病死の苦しみから解放されることはなかった。苦行によって悟りを得ようとするのは、間違っているのではなかろうか？

憔悴《しょうすい》しきった太子は、一息ひと息が重く、ぼんやりする意識の中で、ふと青年時代のことを思い出しました。

あの頃は心身は健全で、心は明瞭で、どんなことも正しく思索《しさく》することができたではないか……虫をついばむ小鳥から、弱きものの犠牲の上に成り立っている自分の罪深さを悟り、老人・病人・死人の姿から、それが自分やすべての人の未来の姿であることを直感した。

そうだ、苦行によって悟りを得られるという考え、そのものが間違いだったのだ。

物事を正しく考えることができなければ、真理に至ることはできない。

あのときの健全な心身に戻らなければならない。

太子は、苦行によって悟りを求めることを捨て、弱った体をもとの元気な体に戻すために立ち上がって、食を求めようとしました。しかし、長きにわたっての苦行生活のため、太子にはもう、立ち上がる力はありません。

このままここで力尽きていくのかと思ったとき、そばの小道を通りかかった村娘が、横たわっている太子を発見したのです。

「娘よ、私に飲み物と食べ物を恵んでくれないか」

太子のかすかな声の中にも、気品と尊さを感じた村娘は、持参していた水を太子の口に注ぎ、それから毎日、太子のもとにおかゆを運ぶようになったのです。

その娘の名は、スジャータといいました。

スジャータの布施により、太子はすっかり健康を取り戻しました。

そして、菩提樹《ぼだいじゅ》という木の根元に腰を下ろし、足を組んで、とてつもなく強い覚悟を決めたのです。

「もし、あらゆる迷いを断ち切ることができず、悟りを得ることができなければ、

私は、再びここを立たない」

太子が心を集中させ、瞑想に入ると、風の音も鳥のさえずりも聞こえなくなり、物音一つない静寂の世界になりました。

そよ風が体にあたり、柔らかい日差しが太子の体に注いでいることもまったく感じなくなりました。そして、自分が大地の上に座っていることも感じなくなりました。

ただ、苦しみ迷いのもとを見極め、それを滅ぼそうと、自分の心をじーっと見つめてゆかれたのでした。

魔王パーピマンからの妨害

草も木や風もあらゆるものが、かたずをのんで、シッダルタ太子が悟るのを待ち望んでいるかのようでした。しかしその中、魔王パーピマンだけは、どんな手段を使っても太子の悟りを妨げようとしていたのです。

「もしシッダルタが悟りをひらいて、人々を正しく導くようにでもなれば、人々の心から悪が追い出され、魔界が滅んでしまう。今ならまだ間に合う。シッダルタの心を乱し、悟りをひらくことをあきらめさせるのだ」

魔王は、自分の子供たちを集めました。

すると、一番上の息子は反論します。

「父上がすべての力を使っても、シッダルタの悟りをあきらめさせることは無理です。シッダルタのあの姿を見ましたか。彼の心はすでに定まっています。どんな方法を使っても、あきらめさせることはできません」

魔王はこの答えに激怒します。

「親に向かってなんということを言うのだ。お前なんかわしの子ではない」

次に、娘たちを呼んで、言いつけます。

「かわいい娘たちよ、お前たちの兄は情けない奴だ。お前たちのその美しさで、シッダルタを誘惑し、心を乱してくれないか」

魔王の娘たちは、あでやかな笑みを浮かべて、「わかりましたわ、お父様」と色っぽい声で答え、太子のもとに行きました。

薄い布をまとった娘たちは、太子のそばに行き、美しい顔をチラチラのぞかせ、太子の気をひこうとしました。妖《あや》しい香りが立ち込め、「太子さま」と甘い声で耳元でささやきます。

太子の表情が少しも動かないのを見ると。衣を脱いで、素肌をあらわにし、腰をくねらせ、太子の周りを踊り歩きました。それでも太子がまったく動じないことを知ると、今度はみだらな言葉をささやき、柔らかな手で太子の体をさするのですが、太子のうっすらと開かれた眼には、娘たちの姿は映ってもいませんでした。

どれだけ時間が経ったのか、誘惑しようと踊り、ささやくことに疲れてしまった娘たちは、ふと我に返って、みだらな姿をさらしていることがとても恥ずかしくなりました。

「私たちは一体、何をしていたのでしょう……」

そう思うと、太子の姿をまともに見ることもできず、恥ずかしさの念にかられて、衣服を急いでかき集め、その場を去ったのでした。

その始終を見ていた魔王は、

「えーい、お前たちもあてにならん。こうなったら私が直接やるしかない」

と姿を現わし、太子の前に立ちはだかり、あたりが震えるほどの大きな声で言いました。

「いいか、シッダルタよ、今まで多くの修行者が、悟りを求めて苦行に励んできたが、誰も悟りをひらくことができなかった。齢《よわい》100歳を超えるまで修行し続けた老僧でも、ダメだったのだ。それなのになぜ、お前みたいな若僧が、悟りを得られると思うのか」

「魔王よ、若かろうが年老いていようが関係ない。その決意が固いかどうか、それだけだ。私は悟りを得ることができなければ、生きてこの場を立たない決意でいる。ここで命を終える覚悟でいる」

自分の姿と空気が破れるような声にも、太子が微動だにしないことに焦りを感じた魔王は、野獣や蛇やサソリ、毒虫などをけしかけます。しかし、恐ろしい獣《けもの》たちも太子のそばに近づくと、雪が溶けていくように消えてしまったのです。

自分の幻術も太子の覚悟にはまったく歯が立たないことを知った魔王は、とうとう刀を抜いて、太子を切り殺そうとしました。ところが、焦りと憎悪で頭に血が上っていた魔王の目には、静寂の中に住む太子の姿は、水晶のように透けて見えなくなりました。

魔王はまったく違う方向に刀を振り回し、うわ言のように何かを叫びながら、林の中に走っていき、やがて姿が見えなくなりました。

太子は、悪魔たちはおのれの心が生み出したものであることを知りました。

そして、その悪魔たちが退散していったことを実感しました。

究極の悟りをひらく

菩提樹の下が再び静かになったとき、シッダルタ太子の心から、あらゆる迷いが消えていました。意識がはっきりし、目や耳、鼻など、あらゆる感覚が明瞭に働いていました。

もう何が起きても、心が揺らぐこと、悩むことはありませんでした。

ついに太子は、究極の悟りを得ることができたのです。

菩提樹の下に座って7日目のこと、35歳の12月8日のことだったと伝えられています。

ここから、80歳2月15日にお亡くなりになるまで、悟られた真実、真理のままに、人々の苦しみにこたえていかれたのが、釈迦45年間の教え、仏教です。

悟りをひらかれブッダとなられたお釈迦さまが初めて説法をした相手は、自分の周りでともに修行をしていた5人の修行者でした。

修行者たちに、お釈迦さまは悟りの内容を四つにまとめて話されました。

それは苦諦《くたい》、集諦《じったい》、滅諦《めったい》、道諦《どうたい》の四つでした。


苦諦とは、この世は苦であるという真理です。

人は老い、病み死んでいかねばなりません。愛する者と別れ、憎む者に会わねばなりません。求めるものが思い通りに手に入らず、苦しみます。どんな人も生きている限り、この苦しみから逃れることはできません。


集諦とは、その苦しみの原因を明らかにされたものです。

皆、やがて滅び離れいくものにしがみつき、欲の心や怒りの心、恨みや妬みの心で苦しんでいます。苦しみの原因は、おのれの迷いの心にあることを説かれました。

滅諦とは、苦しみの原因を滅する真理のことです。
煩悩《ぼんのう》や迷いを捨て去り、ことごとく滅すれば、苦しみは滅し、まことの安らぎの境地に至ることを教えられました。

道諦とは、悟りにいたる道のりのことです。
苦しみの原因を滅し、まことの安らぎの境地に至るにはどうすればよいか、その道程を教えたものです。

このように、お釈迦さまは修行者たちに、人生の苦しみの姿とその原因を説かれ、苦しみの原因を滅した世界と、そこに至る道を説かれました。
この教えを今日、「**四聖諦**《ししょうたい》」といいます。

修行者たちは、お釈迦さまの説法を聞くたびに、心が安らかになっていきました。ただひたすら苦行を肉体に課すことで悟りをひらこうとするのは、間違いだとわかりました。

苦しみの原因はおのれの心の中にあり、そしてそれを滅ぼすことで、悟りへ至れる道があること知り、大きな喜びが湧き上がりました。

5人は口をそろえて、

「世尊、どうか私たちを弟子にしてください」

と申し出ました。お釈迦さまは、微笑みながら、

「来たれ5人の僧よ、私の教えを聞き、それをともに伝えるのです」

このようにして、お釈迦さまの伝道布教が始まったのです。

ところで、お釈迦さまの説法を「法の輪を転がす」と書いて、転法輪《てんぼうりん》といいます。

車輪を転がすと、地面がなだらかになります。

お釈迦さまは教えを説かれることで、人々の荒《あ》れた心をなだらかにしていかれ

たので、仏の説法を転法輪といいます。

お釈迦さまは、悟りをひらいて初めてこの5人に説法されたので、5人への説法を初転法輪といいます。

太子が悟りをひらいたことが、城へ伝わる

その頃、お釈迦さまの父、スッドーダナ王は、酒に溺れ荒れた生活をしていました。

カピラ城の近くまでやってこられたお釈迦さまは、その様子を聞き、父上の心を安らかにしたいと思われました。

そこで、父のもとに弟子を遣《つか》わすことにされたのです。

そのとき、カルダーインはすでにお釈迦さまの弟子になっていました。

「カルダーインよ、今から父上のもとに行ってきてはくれないか」

「かしこまりました。私が必ず、父王をお釈迦さまのもとへお連れいたします」

カルダーインは、お釈迦さまの心を受けとめ、カピラ城に向かいました。

カルダーインが城門をくぐろうとしたとき、門番が止めました。

「そこの修行者、止まれ。勝手にここを通すわけにはいかぬ。王様は、修行者が大嫌いなのだ」

「私は、王様に大事なことを伝えにきたのです。とにかく通してください」

「ダメだといったらダメだ、そんなことをしたら、わしがどんなお咎《とが》めを受けるかわからんではないか」

門番が止めるのを押し切って、カルダーインが城に入ったちょうどそのとき、スッドーダナ王が家来を連れて、そこを通りかかりました。

「誰だ、修行者を城に入れたのは！」

ものすごい剣幕で、王は怒鳴りつけました。カルダーインは、さっと王の前にひざまずき、顔を上げて言いました。

「王様、私でございます。シッダルタ太子の幼馴染、カルダーインでございます」

王は、この者がカルダーインだとわかりましたが、同時に彼が出家したことを知り、それがまた許せませんでした。

「なぜそこにいる。私の知っているカルダーインは、太子を連れ戻すまでは決して私の目の前に姿を現わさないと固く誓ったはずだ」

カルダーインは、あのときの自分の誓いが、今、父王と世尊を再びつなぐ縁になろうとしていることに深いよろこびを感じながら、じっと王の目を見つめたのです。まさかと思った王は尋ねます。

「……お前を出家させたのは誰だ」

「はい、その方の父は、スッドーダナ、母はマーヤーと申します。無上の悟りをひらき、ブッダとなられ、尊い教えを説いておられます。その教えによって、多くの人が苦しみ悩みから救われております」

「シッダルタがお前の師なのか……」

「はい、私だけではありません。今や多くの人々が、太子様のことを世尊と仰《あお》ぎ、尊い教えを受けております」

「太子はそんなにも尊敬されているのか……」

スッドーダナ王は複雑な気持ちでした。太子が元気でいたことを知って安堵《あんど》した一方で、もう自分の手の届かない遠い所へ行ってしまったことが無念でなりませんでした。

このままカルダーインを追い返そうとも思いましたが、何年も会っていない我が子を、せめて一目見てからにしようと思い直しました。

「わかった。近いうちに必ず会いに行くからと、シッダルタに伝えてくれ」

釈迦族の帰依

王はお釈迦さまやその弟子たちの食事を用意させ、大勢の親戚や家来を引き連れて、お釈迦さまの滞在するカピラ城のそばにある、ニャグローダ樹林園に向かいました。

そのとき、お釈迦さまは、大勢の前で説法をされていました。

お釈迦さまの慈愛に満ちた眼差しに触れると、誰もが心が穏やかになり、深みのある声で説かれる教えを一言も聞き漏《も》らすまいと皆、真剣に聞いておりました。

不思議なことに、林の中からシカや鳥などの獣たちまでもが、お釈迦さまの話を真剣に聞いているのでした。

スッドーダナ王は、その中に、隣国の王の姿を見つけました。

「隣国の王までもが、太子の話を聞きに来ているのか……一体、どんな話をしているのだろうか」

少し離れたところに席を作らせ、我が子の話を聞いてみることにしました。

「人は苦をいとい、幸せを求めて生きている。だが金を得ても、財を築いても、常に苦しみ、悩んでいる。王や貴族とて、皆同じである」

まるで自分に向けて言われているようで、王はハッとしました。

「財を持たぬ者は、財を求めて苦しんでいる。財を持つと、奪われやしないかと不安で苦しむ。権力を持たぬ者は、権力を求めて苦しみ、権力を持つ者はそれを失うことに恐れ苦しんでいる。

なければないで苦しみ、あればあったでまた苦しんでいる」

王はまさに自分の心の奥底を見抜かれた思いでした。

国民や家来の前では威厳《いげん》を保《たも》っても、内心、隣国との争いに怯《おび》え、家臣の裏切りを恐れて、眠れない日がどれだけあったことだろう。そして、今もその重圧に苦しんでいる。

お釈迦さまの慈悲に満ちた目を見ると、心がやわらぎ、悩みを洗い流してくれるようでした。

しかし、王は、お釈迦さまの説法に心打たれたものの、粗末な1枚の布をまとっている我が子を見ると、いたたまれなくなりました。

「我が息子シッダルタよ、お前は生まれたとき、転輪王になると言われた器なのだぞ。お前がもし王位を継いでいたなら、宝石で飾った靴を履き、王座に座り、清らかな蓮の花の香りに包まれていただろうに。なぜお前は、いばらに覆われた苦しい道を行くのだ」

「お父さん、私は悟りをひらいて、あらゆる悩みや迷いから心が解き放たれました。**今の私の心は、蓮の花のように清らかです。王になって宝石の王座に座ったとしても、心の自由は得られるでしょうか？**　私は、どんなものにも滅ぼされない真理を体得し、完全な心の自由を得たのです」

お釈迦さまは、父王にじゅんじゅんと、教えを説いていかれるのでした。

王は、次第に、太子が何を求めて出家したのかがわかるようになりました。

そして自分自身も、欲望や怒り、不安にとらわれない心の自由を得たいという思いが出てきました。

「わかったシッダルタ。お前の出家を認めよう。ところで、お前の周りにいる弟子たちは、どこの国の出身なのだ」

「カルダーイン以外は、マガダ国の生まれです」

しばらく考えたのち、スッドーダナ王は、立ち上がり、くるりと後ろを向いて、親戚や家来たちに向かって言いました。

「釈迦族の王子が、尊きブッダとなられて教えを説かれている。なのに、お弟子は他国の者ばかりだ。どうだ、この中に世尊のお弟子になりたい者はいないか」

王の心にはもう、未練はありませんでした。我が子がブッダとなり、尊い真実を説き、人々の魂を救済していることに、誇りとよろこびを抱きながら釈迦族の者たちに呼びかけたのでした。

父・スッドーダナ王の帰依

スッドーダナ王の呼びかけに、早速５００人の釈迦族の青年たちが出家を志願しました。皆、王族や良家の出で、身分の高い者たちでした。

釈迦族の出家に先駆けて、弟子入りを願い出たのは、理髪師ウパリでした。

数日後、スッドーダナ王が釈迦族の青年500人を連れてやってきました。

「世尊よ、この500人の若者を出家させ、お弟子にしてください」

すると、お釈迦さまは、静かにうなずかれ、おっしゃいました。

「ならば、このウパリを礼拝しなさい」

一瞬、どよめきが走りましたが、お釈迦さまが自分たちのおごりの心を見抜き、それを捨てさせるためにおっしゃっていることを理解した青年たちは、深くウパリに頭を下げ礼拝し、弟子になりました。

にっこり微笑まれながらお釈迦さまは、

「父上、今度はあなたが、ウパリと今出家したこの500人の僧に、礼拝してください」

と言われました。スッドーダナ王は、静かに立ち上がり、ウパリと500人の僧に丁寧に礼拝して回ったのです。

お釈迦さまは一人、つぶやかれました。

「今、父上から、おごりの心が消えていく」

スッドーダナ王の姿は、これまでのあらゆる悩みから解放されたように、晴れやかなや安らぎに満ちていました。

入滅――「私ではなく、私の教えをよりどころに」

お釈迦さまの長い旅も、終わりに近づいていました。

齢《よわい》80歳になられ、体力も衰え、自らの死期が近いことを感じておられました。

あるとき、お釈迦さまは、激しい腹痛に襲われました。

しかし「ともに歩んできた弟子たちに別れも告げず、今、この世を去るわけにはいかない」と痛みにじっと耐えられました。

しばらくすると痛みはおさまり、元気を取り戻したお釈迦さまに、そばで看病していたアーナンダが言いました。

「世尊、お具合がよくなられ、安心いたしました。世尊の身の上に何かがあったら、私は何をよりどころとして生きていけばいいのかと大変、心配しました。お元気になられ、世尊のお説きになられたいことをあますところなく説き終わられるまでは、涅槃《ねはん》に入られることはないと安心いたしました」

（涅槃に入る……お釈迦さまがお亡くなりになること）

すると、お釈迦さまはゆっくりアーナンダにお話しになられました。

「よいか、アーナンダよ。私がまだ皆の者に説いていない法などないのですよ。真実を悟った者には隠し事など何もない、私は、どんな者にも同じように正しい教えを説いてきました。

アーナンダよ、私も齢80歳となりました。この体も、やっと動いているに過ぎません。まもなく皆との別れが来るでしょう。しかし、それは初めから決まっている諸行無常の理《ことわり》なのです。

だから、私をよりどころとしてはいけない。私が滅しても、私の説いた正しい教えをよりどころとしていきなさい」

ここでお釈迦さまは、「**自灯明《じとうみょう》、法灯明《ほうとうみょう》**」という言葉を、アーナンダに授けました。これは、**自らを灯とし、法を灯としていきなさい**ということです。決して人を頼りにせず、正しい教えをものさしにして、自分の足で進んでいきなさいということです。

お釈迦さまの口からこの世を去ることを聞いたアーナンダは、悲しみを抑えきれず、「世尊、そのようなことはおっしゃらないでください」と泣くのをこらえきれませんでした。

アーナンダは、お釈迦さまを慕う気持ちが強すぎるあまり、お釈迦さまの伝えようとすることが受け止められなかったのです。

「アーナンダよ、お前は私を慕うあまり、少しも私の説く教えを聞こうとしていない。**私の教えを正しく聞く者は、どこにいても私とともにいるのですよ。**しかし、正しく教えを聞かない者は、私とともにいるようで、ともにいないのです。

私もまた、無常のもの。やがて朽《く》ちていくこの私に何の価値があるだろうか。それよりも**私の説く教えをよく聞き、それをよりどころとしなさい。そうすれば、お前はどこにいても、私のそばにいることができるのだから**」

悲しみにむせぶアーナンダに、お釈迦さまは丁寧に、「自灯明、法灯明」の教えを説いて聞かせられました。

「悩み苦しみの中にいる人たちが、私の唯一の心残りです」

マッラ国のクシナガラというところに入られたとき、お釈迦さまは、チュンダという男の布施したキノコ料理を食されました。衰弱していたお釈迦さまには、キノコの毒気が強かったのか、この料理にあたってしまったのです。

病床に伏しながらも、お釈迦さまは最後まで、法を説こうと決意されました。アーナンダに、「まもなく私がこの世を去ることを、皆に告げなさい」と命じました。

それからというもの、国中の人々が、最後の説法に会おうと駆け付けました。衰弱し、座ることもままならないお釈迦さまのお姿に、皆涙せずにおれませんでした。

「よいですか、皆の者。真実を悟った者には、生死は問題ではないのです。私のことを心配する必要はありません。**私の心配は、まだ真実を悟らず、欲や怒りや恨みで日々苦しみ続けている者たちのことなのです。私の説いた教えを後の世まで伝えなさい**」

と、駆け付けてきた人たちに、ねんごろに教えを説いていかれました。

そして、そばに仕えるアーナンダに、

「私が死んだなら、きっと誰かがチュンダを責めるだろう。『チュンダが毒料理を食べさせたせいだ』と。しかし、それは、間違いだ。

私が死ぬのは、チュンダのせいではない。

それは私が生まれてきたからだ。

生あるものは必ず滅していく、この世の道理なのだよ。

チュンダを決して責めてはならない」

お釈迦さまはそのように、自分の死後のチュンダのことまでも気遣われるのでした。

そして2月15日、80歳で静かに涅槃に入られました。

（了）

本書は、本文庫のために書き下ろされたものです。

心《こころ》が「スーッ」と晴《は》れる
ほとけさまが伝《つた》えたかったこと

著者　岡本一志（おかもと・かずし）
発行者　押鐘太陽
発行所　株式会社三笠書房
〒102-0072 東京都千代田区飯田橋3-3-1
電話　03-5226-5734（営業部）03-5226-5731（編集部）
http://www.mikasashobo.co.jp
印刷　誠宏印刷
製本　ナショナル製本

 ISBN978-4-8379-6903-7 C0130

王様文庫

王様文庫

心が「ほっ」とするほとけさまの50の話

岡本一志

生活、人づきあい、自分のこと、どんな問題にも、ほとけさまは「答え」を示しています！　◎「運が悪い」なんて、本当にある？　◎家族・友人――「釣った魚」にこそ餌をあげよう　◎「自業自得」の本当の意味からわかること……「よい心持ち」で毎日を過ごせるヒント！

いちいち気にしない心が手に入る本

内藤誼人

対人心理学のスペシャリストが教える「何があっても受け流せる」心理学。◎「マイナスの感情」をはびこらせない　◎〝胸を張る〟だけで、こんなに変わる　◎「自分だって捨てたもんじゃない」と思うコツ……etc.「心を変える」方法をマスターできる本！

眠れないほど面白い空海の生涯

由良弥生

驚きと感動の物語！「空海の人生に、なぜこんなにも惹かれるのか」――。弘法大師の野望と愛欲、多彩な才能。仏教と密教。そして神と仏。高野山開創に込めた願い。知れば知るほどすごい、1200年前の巨人の日常が甦る！　壮大なスケールで描く超大作。

K30489